간부에게도 말할 수 없는

사장의
고민해결

간부에게도 말할 수 없는 스트레스로
괴로워하고 계시지 않습니까?

간부에게도 말할 수 없는
사장의
고민해결

시라가타 종합연구소 주식회사 대표이사

시라가타 도시로

이 책을 접하시는 독자 분들께 처음 인사를 드립니다.

저는 중견, 중소 벤처 기업을 상대로 경영 컨설팅이나 세미나를 개최하는 '시라가타 종합연구소 주식회사'의 사장, 시라가타 도시로라고 합니다.

'중소기업 사장님들께 활력을 드리기 위해 존재한다'라는 것을 사명으로, 중소기업 사장님들을 위한 응원을 시작한지 26년이 되었습니다. 여러분의 성원 덕분에 1만 명 이상의 사장님들과 인연을 맺을 수 있게 되었습니다. 전국에 많은 사장님이 있습니다. '사장'이라는 입장에 서 있는 사람은 정말로 훌륭한 분들이라는 것을 언제나 느끼고 있습니다. 사장님들은 고객을 위하여, 사원과 그 가족을 위하여 열심히 일을 하고 있으며, 언제나 머릿속에는 고객, 회사, 사원이 있습니다.

얼마 전, 실적이 악화됨에 따라 급여를 받지 않겠다고 선언한 사장님이 있었습니다. 정말로 사원을 아끼는 분이며, 실적 회복을 위하여 열심히 노력하시는 분입니다. 저는 이런 사장님들을 많이 봤습니다.

하지만 회사를 경영하고 있는 이상, 사업에 실패하여 도산을 하면, 최악의 경우 야반도주나 자살을 생각해야 하는 처지에 몰릴 수도 있습니다. 그러한 사태를 맞이할 가능성을 알면서도 경영을 하고 있는 상황이기 때문에 사장님들은 스트레스가 많이 쌓일 수밖에 없습니다.

사장님들의 스트레스 가운데에서도 '사람과 관련된 스트레스', 특히 '간부에 대한 고민'은 큰 스트레스에 속한다고 할 수 있습니다. 사장님들이 가지고 있는 '간부에 대한 고민'은 그 누구와도 상담을 할 수 없습니다. 매출 향상 등과 관련된 고민은 간부와 상담을 하면 되겠지만, '간부에 대한 고민'은 간부에게 말할 수 없습니다. 그렇기 때문에 사장님들이 가지고 있는 간부에 대한 스트레스는 쌓여만 갈 뿐입니다.

이 책은 사장님의 큰 고민 중 하나이자, 그 누구와도 상담할 수 없는 '간부에 대한 고민'에 특화되어 기술하고 있습니다. 제가 가지고 있는 15년에 걸친 경영자로서의 경험과 25년에 걸친 경영 컨설턴트로서의 경험과 노하우를 결집시켜 사장님의 '간부에 대한 고민'을 어떻게 생각해야 할 것인지, 그리고 그에 대한 해결책을 정리했습니다.

아마도 한국에서는 처음 만들어지는 책일 거라고 생각합니다.

- 간부가 사장 생각대로 움직여주지 않는다
- 간부가 좀처럼 육성되지 않는다
- 간부가 최근 성장하지 않고 있다
- 간부에게 운영 능력이 없다
- 사장의 이상과 맞지 않는 간부가 있다

사장님들이 가지고 있는 '간부에 대한 고민'을 예로 들자면 끝이 없습니다. 이 책에서는 최근 25년 동안 제가 만났던 1만 명 이상의 사장님들께 들은 '간부에 대한 고민' 가운데에서 특히 많았던 고민을 엄선하였습니다. 사장님께서 현재 안고 계신 '간부에 대한 고민'에서부터 읽어주십시오. (물론 처음부터 순서대로 읽으셔도 됩니다)

상담이 접수된 간부에 대한 고민을 제가 사장님과 의견을 주고 받으면서 해결책을 제안하는 형식으로 정리했습니다. 이른바 지면 컨설팅(종이, 책을 통한 컨설팅)입니다. 제가 질문하고 이끌어 가는 형식이므로 답을 생각하면서 읽으시면 많은 도움이 될 것입니다.

결론부터 알고 싶으신 분은 마지막 부분의 해법부터 읽어주십시오. 간단하게 해결할 수 있는 방법도 함께 소개하고 있습니다. 1만 명이 넘는 사장님들께서 실천하시고, 성과를 올리고 있는 방법입니다.

모쪼록 이 책을 옆에 두고, 사전 대신 활용하여 주십시오. 간부에 대한 고민이 생길 때마다 이 책으로 고민을 해결하시고, 간부에 대한 스트레스를 말끔히 해소하십시오.

이 책은 사장님용으로 쓴 책입니다만, 사장을 목표로 하고 계신 분이나 상사들이 읽으셔도 좋습니다. '간부'를 '부하'로 바꾸어 읽으면 '부하에 대한 고민' 해결의 힌트가 될 것이라고 믿습니다.

'이 책의 해결책이나 방법'에 공감하시는 사장님은 모쪼록 오늘부터 실천해 주십시오.

실천을 통하여 간부에 대한 스트레스를 해소시켜, 많은 사장님들이 활기를 되찾았으면 좋겠습니다.

시라가타 종합연구소 주식회사 대표이사
시라가타 도시로

제3장 간부를 육성하는 비결은 무엇인가?

제4장 간부 등용과 중도 채용은 어떻게 해야 하는가?

제5장 직위와 권한 위임의 비결은?

제8장 간부의 대우는 어떻게 정해야 하는가?

제9장 사장에게 의견 제시 능력과 경영 능력을 익히려면?

사장에게 제안과 간언을 한다.

사장의 안목과 경영능력

제1장

간부는
사장의 이상과 철학에
동조하고 있는가

사장의 이상과 철학에
맞지 않는 간부가 있다.

지금부터 사장님의 고민을 해결하기 위한 '지면 컨설팅'을 시작하겠습니다.

위의 제목처럼 사장님의 이상과 철학에 맞지 않는 간부가 있다는 거군요. 그 맞지 않는 이상과 철학이라는 것은 사장님의 입장에서 보면 양보할 수 없는 이상과 철학입니까?

'네, 양보할 수 없는 이상과 철학입니다.'

그렇군요. 사장님이 양보할 수 없는 이상과 철학에 맞지 않는 간부가 있는 겁니까? 사장님은 그 간부를 어떻게 하고 싶습니까?

'가능하면 간부가 이상과 철학에 동조하도록 바꾸고 싶습니다만.'

바뀔 것 같습니까?

'바뀌지 않을까요?'

그렇다면 한 번 바꿔 보십시오. 시간이 얼마나 걸리는 지가 포인트입니다.

'내 생각에는 바뀌지 않을 것 같아요.'

그렇습니까? 그렇다면 그 간부를 어떻게 하시겠습니까?

'간부 자리에서 물러나게 해야겠지요.'

사장님, 물러나게 하는 것만으로 괜찮겠습니까?

'네? 나한테 불평이나 방해를 할까요?'

중요한 부분이 맞지 않는 것이니까 그럴 가능성도 있고 좋을 것 같지는 않습니다.

'그러네요. 그러면 어떻게 하면 될까요?'

서로의 행복을 위하여 해고하도록 하는 편이 좋지 않을까요?

'소장님, 갑자기 해고하는 건 좀 어렵지 않을까요?'

그렇습니다. 해고하기는 쉽지 않습니다. 그래서 자발적 퇴직을 유도하는 방법을 권해 드립니다. 사장과 간부가 몇 번이고 이야기를 나누면서, 이상과 철학이 맞는 회사로 만들어가야 하지 않겠냐고 간부에게 제안합니다. 한 달에 한 번 꼴로 세 번 정도 이야기를 나눈 다음에 발을 꺼내는 것이 효과적입니다.

'으음… 그래도 퇴직하지 않을 때는요?'

그런 경우에는 강등시키십시오. 물론 감봉 포함입니다.

이런 것을 몇 번 정도 반복하면, 결국에는 승복 하게 될 것입니다.

'그렇군요! 시간이 걸리는군요.'

네, 외국계가 아닌 일본 회사에서는 일본다운 스타일이 좋을 것 같습니다.

'소장님, 간부가 퇴직해 버리면 매출이 줄어서 곤란해지는 경우에는 어떻게 하면 될까요?'

네, 그런 경우에는 그 간부가 퇴직을 하더라도 곤란해지지 않는 상황을 먼저 만들어 둡니다. 그런 다음에 이야기를 하십시오.

'그렇군요. 역시 그게 좋겠군요. 갑자기 퇴직하면 회사가 어려워지니까요.'

그렇죠. 시간이 걸리더라도 그렇게 하는 편이 안전합니다.

해법

❶ 사장이 양보할 수 없는 이상과 철학에 맞지 않는 간부라면 시간을 들여 이야기를 나눈 다음 그만두게 한다.

❷ 간부가 퇴직하면 매출이 줄어드는 등의 리스크가 예상되는 경우에는, 그 간부가 퇴직하더라도 난처해지지 않을 상황을 먼저 만들어두고, 그 다음에 퇴직하게 한다.

❸ 사장의 양보할 수 없는 이상과 철학이 아니라면, 퇴직하게 하지 말고 현재 상태를 유지해도 문제없다.

이상과 철학

사장의 고민 02

최근 간부와 사이가
좋지 않다

그렇습니까, 사장님, 스트레스가 쌓이겠군요.

어떻게 안 좋은 겁니까?

…… (잠시 생각)

'간부에게 원인이 있다고 생각해요.'

그렇군요. 간부가 원인입니까……. 참고로 간부는 사장님이 양보
할 수 없는 이상이나 철학에는 맞는 사람입니까?

'맞는 간부와 맞지 않는 간부, 둘 다 있는 것 같아요.'

맞지 않는 간부는 그만두게 하는 것이 좋습니다. 사이가 좋아질 리
가 없습니다(고민 01 참조).

이상이나 철학이 맞는 간부와는 잘 지내셔야죠.

'그게, 그렇기는 한데, 최근 맞는 간부와 잘 지내지 못하고 있어요.
물론 일부 간부이긴 하지만 말이죠.'

그렇습니까? 사장님, 이건 응용 문제군요.

단도직입적으로 묻겠습니다. 사장님에게 원인이 있는 것은 아닙니까?

'네? 나한테요? 그런 것 같지는 않은데요.'

그럴 줄 알았습니다. 그러면 사장님께 세 가지 질문을 해도 되겠습니까?

'네, 하시죠.'

질문 1 간부의 험담을 한 적이 있습니까?

'그래서는 안 되지만, 회식 때 그 자리에 없는 간부의 험담을 한 적이 있어요.'

그렇습니까, 좋은 일은 아니군요. 아마 다른 사람을 통해서 그 간부 귀에 들어간 것 같습니다. 사장님을 좋지 않게 생각하고 있을지도 모릅니다. 재발 방지를 위해 노력합시다.

질문 2 능력이 부족한 간부를 크게 꾸짖거나, 일을 주지 않은 적은 없습니까?

'질문하신 대로예요. 우리 회사는 능력이 없는 간부가 너무 많아요!'

강등을 포함하여 대처 방법을 생각하는 것이 좋습니다.

사장님도 간부도 스트레스로 힘들겠군요.

질문 3 최근, 간부의 고민을 30분 이상 차분히 들어준 적이 있습니까?

'네, 듣고 있어요. 한 시간 이상 들은 적도 있을 거예요.'

사장님, 자상하시군요. 다른 사람에게 고민을 털어놓으면 마음도 가벼워지고, 들어준 사람에게 호의를 느끼게 된다고 합니다. 간부도 아마 스트레스가 없을 겁니다.

참고로 묻겠습니다만, 간부의 고민 해결을 돕고 계십니까?

'유감스럽게도 바빠서 차분히 들어줄 시간이 없어요.'

그렇습니까? 가끔씩은 차분히 들어주는 게 좋습니다. 간부도 인간이라 고민스러운 일도 있을 것이고, 서로 대화가 적으면 오해가 생깁니다. 사장님이 시간을 내서 간부의 이야기를 차분히 들어주는 게 어떻겠습니까? 마음에 걸리는 사항이 하나라도 있다면, 바로 그것이 간부와 사이가 안 좋아진 원인일 수 있습니다. '간부는 사장의 거울'이라고도 합니다. 다시 한 번 사장님의 최근 행동을 되돌아 볼까요?

해법

❶ 사장의 양보할 수 없는 이상과 철학에 맞지 않는 간부와는 애초부터 잘 지낼 수가 없다.

❷ ❶ 이외에 간부와 사이가 좋지 않은 원인은 사장의 간부에 대한 험담, 능력이 부족한 간부에 대한 사장의 매니지먼트, 간부의 고민을 차분히 들어주지 않았기 때문일 수 있다.

'간부는 사장의 거울'입니다. 다시 한 번 되돌아봅시다.

사장의 이상과 철학이
간부에게
전달되지 않는다

　간부에게 전달되도록 하기 위하여 사장님께서는 무엇을 하고 계십니까?

　'내 이상과 철학을 간부에게 몇 번씩이고 전하고 있어요.'

　그렇습니까? 사장님, 노력하시는군요.

　몇 번씩이고 전했는데 전달되지 않는 이유가 뭘까요?

　'왜 그럴까요? 전해졌어야 하는데……. 간부의 열의가 부족한 걸까요?'

　참고로, 사장님, 간부에게는 어느 정도의 횟수로 이상과 철학을 전하고 계십니까?

　'글쎄요……. 꽤 자주 전하고 있어요.'

　다음 질문에 답해 주십시오.

- 하루에 100번, 같은 내용을 전하고 있습니까?
  - 일본 전산 나가모리 시게노부 사장이 실천 함
- 3년 동안 조례에서 매일 같은 내용을 전하고 있습니까?
  - 마쓰시타 고노스케가 실천 함
- 총 횟수로 100만 번, 눈과 눈을 마주보며 전하고 있습니까?
  - 세콤 이이다 마코토 창업자가 실천 함

'아뇨, 그렇게까지는 못하고 있어요. 위대한 경영자는 정말 대단하군요!'

그림 1을 봐 주십시오. 〈에빙하우스의 망각곡선〉을 나타내고 있습니다. 다른 사람에게 들은 말은 1시간 후에 56%나 잊혀집니다. 잊혀지는 비율은 다음날 74%가 되고, 마지막까지 기억하고 있는 사람은 20% 정도. 그렇기 때문에 위대한 경영자는 자신의 이상과 철학이 침투되도록 반복해서 몇 번이고 전했습니다.

'그렇군요! 그 정도로 하지 않으면 안 되는군요!'

그렇습니다. 반드시 그렇게 해 주십시오.

그러면 더 잘 전할 수 있는 방법을 소개하겠습니다.

① 침투되기까지는 많이 전하지 말고 중요한 사항을 '한 가지만' 전한다.
② '짧은 말'로(10글자 이내) 알기 쉽게 전한다.
③ '자연스럽게 이야기하고' 술이라도 마시면서 마음에 와 닿게 전한다.

| 그림 1 에빙하우스의 망각곡선 |

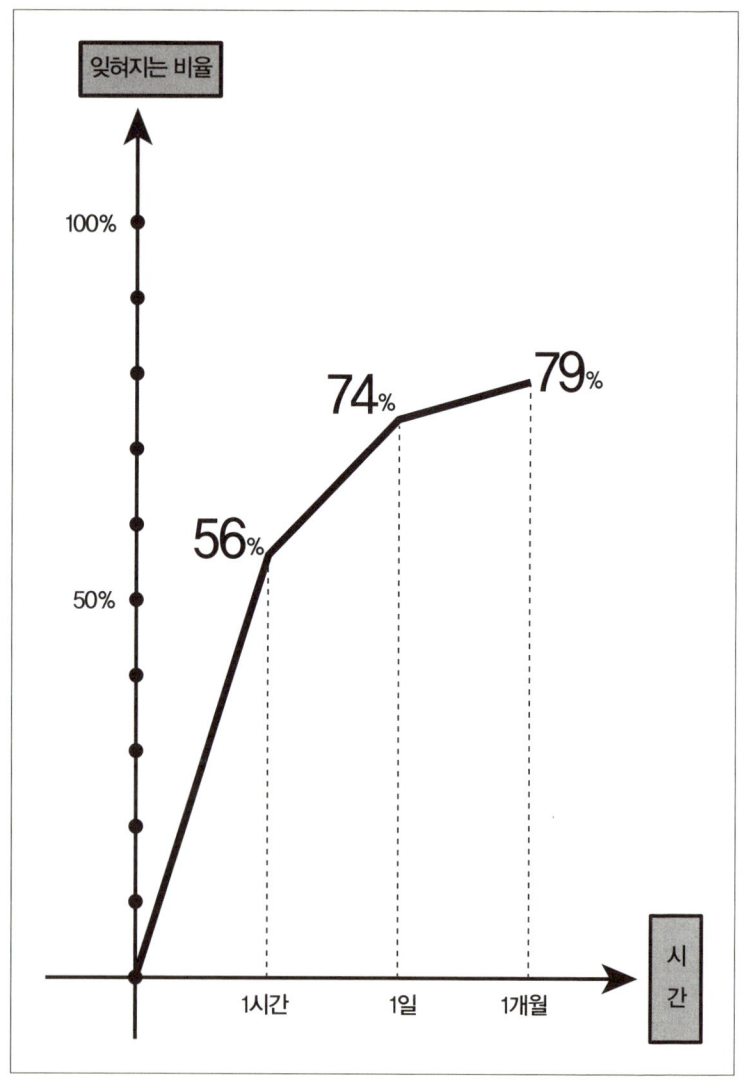

 간부에게도 말할 수없는 사장의 고민 해결

물론 간부에게 전하고 싶은 이상과 철학을 사장님 본인이 그 누구보다 실천하고 있다는 것이 전제입니다. 실천하고 계십니까?

'물론 실천하고 있어요'.

마지막으로 가장 중요한 것을 말씀 드리겠습니다.

사장님께서 자신의 이상과 철학을 실천하고 반복하여 간부에게 전했음에도 불구하고 침투되지 않는 경우가 있습니다. 그건 왜라고 생각하십니까?

'글쎄요, 왜 그럴까요? 나 자신과 관련이 있습니까?'

네, 그렇습니다.

교세라의 이나모리 명예 회장은 '사장이 간부에게 존경 받을 것', 그것이 가장 중요하다고 말하고 있습니다. 그렇게 하면 간부는 사장님의 이상과 철학을 100% 이해하고 받아들입니다.

그렇군요! 확실히 그럴것 같습니다. 언제나 정진하고 인간 관계를 갈고 닦지 않으면 안되겠군요

해법

❶ 사장의 이상과 철학을 간부에게 100만 번 이상 반복하여 몇 번이고 전한다.

❷ 간부에게 전할 때는 다음과 같은 것을 고려한다.
   Ⓐ 많이 전달한다 → 한 가지만 전달한다
   Ⓑ 길게 전달한다 → 짧게 전달한다(10글자 이내)
   Ⓒ 업무, 회의 때만 전달한다 → 잡담, 회식 등을 통해서도 전달한다

❸ 사장의 이상과 철학을 사장 스스로가 그 누구보다도 실천하고 있다는 것이 전제다.

❹ 물론 사장이 간부로부터 존경 받고 있지 않다면, 아무리 전달해도 간부에게는 침투되지 않는다.

● 간부에게도 말할 수없는 사장의 고민 해결

제2장

어떻게 하면
간부의 질을
높일 수 있는가?

간부에게 신망이 부족하다

사장님은 그 간부를 어떻게 하고 싶습니까?

'물론, 신망을 갖춰주었으면 합니다.'

그렇겠군요. 신망이 없는 간부 밑에 있는 부하는 동정 받아 마땅합니다. 하지만 신망을 얻는다는 것 역시 그렇게 쉬운 것은 아닙니다.

'맞아요. 어디서부터 시작하면 될까요?'

전제 조건을 충족시키는 것부터 시작하면 어떻겠습니까?

'전제 조건? 그건 뭔가요?'

사장님은 그게 뭐라고 생각하십니까?

……(잠시 숙고)

이것을 충족시키지 못하면 간부가 신망을 얻으려는 노력을 하지 않을 것이고, 충족시키지 못한 상태에서는 노력을 하더라도 그다지 효과가 없다. 그런 조건입니다.

조건 중 하나는 사장님과도 큰 관련이 있습니다.

'혹시 나 자신에게 신망이 있는지 여부인가요?'

바로 그겁니다. 사장님에게 신망이 없으면 간부도 열심히 신망을 얻으려고 노력하지 않을 것입니다. 사장님 자신의 신망, 어떻습니까?

조건은 하나 더 있습니다. 간부와 관련된 조건입니다.

'뭔지 알겠어요. 간부 자신이 신망을 얻고 싶어하는지 여부…… 아닌가요?'

맞습니다. 신망을 얻겠다는 강한 염원이 없다면 노력이 결실을 맺지 못합니다. 사장님이 걱정하고 있는 그 간부는 그런 염원을 가지고 있습니까?

'아니요, 유감스럽지만 그럴 생각이 없는 것 같습니다.'

네? 그렇습니까? 그건 큰일이군요. 왜 그럴 생각이 없는 건가요?

'본인의 자각 문제입니다. 신망이 부족하다는 것을 본인이 자각하지 못하고 있어요.'

그렇군요. 그렇다면 좀 어렵겠네요. 신망을 얻는 것 이전의 문제입니다.

'맞아요. 먼저 그것부터 바꾸지 않으면 안 됩니다.'

사장님이 본인에게 말을 하는 겁니다.

'그래요, 그것밖에 방법이 없겠어요. 차분히 이야기를 해서 본인이 자각을 하고, 신망을 얻고 싶다는 생각을 가지게 만들겠습니다.'

사장님, 힘을 내십시오.

사장님에게 신망이 있을 것, 간부 본인이 신망을 얻고 싶다는 염원을 강하게 가지고 있을 것. 이 두 가지의 전제 조건을 충족시키는 것이 첫 번째 단계입니다.

다음 단계는 간부가 신망을 얻기 위한 구체적인 방법입니다. 사장님이라면 어디부터 시작하시겠습니까?

'신망이라는 걸 간단하게 얻을 수는 없겠지만, 먼저 부하로부터 신뢰를 잃지 않을 것. 그것부터 주의해 나아가면 되지 않을까요?'

그렇습니다. 그게 중요합니다. 본인도 모르는 사이에 무심코 내뱉은 한 마디로 부하의 신뢰를 잃는 일도 의외로 많습니다. 사장님이 염려하고 있는 신망이 부족한 간부는 어떻습니까?

'음……. 유감이지만 부하로부터 신뢰를 잃고, 신망을 잃었어요. 뒤에서 부하의 험담을 하고, 부하에게 하는 말과 자신의 행동이 다르고……. 그러면 안 되잖아요.'

그렇습니다. 그렇게 하면 부하들이 몸을 사리게 되죠. 어떻게 하면 개선할 수 있을까요?

'본인이 평소에 반성하고, 개선해 나아가는 수밖에 없지 않을까요?'

그렇습니다. 그 방법밖에 없습니다. 하지만 실천하는 것은 쉽지 않습니다. '맞는 말이에요. 소장님, 무슨 좋은 방법이 없겠습니까?'

권해드리고 싶은 방법이 두 가지 있습니다.

① 자기 진단 시트 [부하로부터의 신뢰 편]와

② 반성 노트입니다.

그림 2의 '자기 진단 시트 [부하로부터의 신뢰 편]'으로 진단하고, 그 결과 평소에 반성이 필요한 항목을 그림 3의 『반성 노트』로 매일 되돌아보는 것입니다.

『자기 진단 시트 [부하로부터의 신뢰 편]』을 보십시오.

'오! 조심하지 않으면 실수할 것 같은 내용들뿐이군요!'

우선, 이 자기 진단 시트를 활용해 나아갑니다.

간부에게 30개의 질문에 답하게 하고, 채워 넣기가 끝나면 〈나도 모르게 할 것 같다〉, 〈주의하지 않으면 할 것 같다〉라고 표시한 질문을 열거하게 합니다. 〈나도 모르게 할 것 같다〉.

〈주의하지 않으면 할 것 같다〉 중에서 각각 3개를 골라, 『반성 노트』의 '매일의 반성' 란, '이번 주의 반성' 란에 옮겨 쓰게 합니다. 이렇게 하면 『반성 노트』는 완성입니다

그리고 매일, 매주, 3개 항목을 되돌아보고, ○표나 ×표를 합니다. 자신도 모르게 해 버린 경우에는 〈나도 모르게 실수 → 반드시 반성〉입니다. 깊이 반성하고, 다음날/다음주부터 재발하지 않도록 노력합니다. ○가 1개월 이상 계속되면 그 항목은 해결된 것이므로 다음 항목으로 바꿉니다.

| 그림 2 자기 진단 시트 [부하로부터의 신뢰 편] |

	나도 모르게 할 것 같다	주의하지 않으면 할 것 같다	절대로 하지 않을 자신이 있다
Q1 부하의 험담을 한다	☐	☐	☐
Q2 자신의 잘못을 부하에게 인정하지 않는다	☐	☐	☐
Q3 부하에게 거짓말을 한다	☐	☐	☐
Q4 특정 부하를 편애한다	☐	☐	☐
Q5 말과 행동이 다르다(언행불일치)	☐	☐	☐
Q6 부하의 탓으로 돌린다	☐	☐	☐
Q7 부하의 공로를 가로챈다	☐	☐	☐
Q8 문제가 생겼을 때 회피한다	☐	☐	☐
Q9 차별적인 발언을 한다	☐	☐	☐
Q10 부하를 비판하고 비난한다	☐	☐	☐

| 그림 2 자기 진단 시트 [부하로부터의 신뢰 편] |

		나도 모르게 할 것 같다	주의하지 않으면 할 것 같다	절대로 하지 않을 자신이 있다
Q11	부하와 한 약속을 잊는다	□	□	□
Q12	부하와의 비밀을 말한다	□	□	□
Q13	부하의 말을 끝까지 듣지 않는다	□	□	□
Q14	생색을 낸다	□	□	□
Q15	부하의 눈을 보면서 말하지 않는다	□	□	□
Q16	사회 규범, 행동 지침, 사내 규칙을 지키지 않는다	□	□	□
Q17	상사를 대하는 태도와 부하를 대하는 태도기 디르디	□	□	□
Q18	부하에게 푸념, 불평, 불만을 말한다	□	□	□
Q19	모르는 것을 '모른다'고 부하에게 말하지 못한다	□	□	□
Q20	부하에게 거만하게 군다	□	□	□

| 그림 2 자기 진단 시트 [부하로부터의 신뢰 편] |

	나도 모르게 할 것 같다	주의하지 않으면 할 것 같다	절대로 하지 않을 자신이 있다
Q21 자기 자랑을 많이 한다	☐	☐	☐
Q22 업무를 불성실하게 한다	☐	☐	☐
Q23 부하의 실수를 용서하지 않는다	☐	☐	☐
Q24 자신의 방법을 부하에게 강요한다	☐	☐	☐
Q25 동료와 비교한다	☐	☐	☐
Q26 시간 관념이 느슨하다	☐	☐	☐
Q27 부정적인 발언이 많다	☐	☐	☐
Q28 주변 정리 정돈을 하지 않는다	☐	☐	☐
Q29 복장 상태를 신경 쓰지 않는다	☐	☐	☐
Q30 자신보다 부하인 사람에게 인사를 하지 않는다	☐	☐	☐

| 그림 3 반성 노트 |

나도 모르게 할 것 같다

매일의 반성

		/ (월)	/ (화)	/ (수)	/ (목)	/ (금)	/ (토)	/ (일)
Q1								
Q2								
Q3								
	○의 개수	/ 3	/ 3	/ 3	/ 3	/ 3	/ 3	/ 3

주의하지 않으면 할 것 같다

이번 주의 반성

Q1		
Q2		
Q3		
	○의 개수	/ 3

이번 주를 돌아보며

다음 항목이 없으면 종료하고, 모든 항목이 종료되면 『반성 노트』는 필요 없습니다.

'그렇군요, 이 방법을 사용하면 매일 되돌아보고 반성하고 개선할 수 있겠군요.'

네, 모쪼록 사장님이 걱정하고 있는 간부에게 소개하고, 실천하게 해 주십시오.

부하로부터 신뢰를 잃지만 않으면 신망이 마이너스로 내려가는 일은 없습니다. 아무리 낮아도 제로는 확보할 수 있습니다. 남은 것은 플러스로 만들어가는 것뿐이죠.

'그 플러스로 만들어간다는 것이 어렵지 않습니까?'

사장님, 그렇습니다. 위대한 경영자의 발언과 수많은 서적을 통해 인격을 함양하고, 사람됨을 건실하게 만들기 위해서는 선인들의 가르침을 배우라고 강조하고 있습니다.

'그렇군요, 논어 같은 책을 읽어도 배울 게 많이 있죠.'

그렇습니다.

'하지만 선인들의 가르침을 배우더라도, 실천하지 못하면 의미가 없지 않습니까?'

그렇습니다. 그래서 사장님께 제안하겠습니다.

먼저 신망을 얻기 위해 정진하는 간부는 언제든지 『○○○○○』와 『○○○○○』라고 말할 수 있게 만든다. 여기부터 시작하는 건 어떻겠습니까?

'언제든지 『○○○○○』와 『○○○○○』요? 뭐죠? 우리 간부의 말버릇, 바보 같은 놈, 웃기고 있네 인가요?'

사장님, 농담도 잘 하시네요.

'미안해요. 아하, 혹시 뒤의 것은 미안합니다?'

네! 사장님, 정답입니다. 자, 사장님부터 실천해보시죠.

앞의 다섯 글자는 뭔지 아시겠습니까?

'『미안합니다』라면, 『고맙습니다』아닙니까?'

이번에도 정답입니다. 『고맙습니다』와 『미안합니다』. 간단해 보이지만 언제나 의식하고 있지 않으면 이 말을 꺼내기가 쉽지 않습니다. 부하에게 부탁한 무언가를 받았을 때는 반드시 『고맙습니다』. 자신이 틀렸거나 부하를 불쾌하게 만들었을 때는 『미안합니다』. 우선 그것부터 시작해보는 건 어떻겠습니까?

'그래요. 『고맙습니다』와 『미안합니다』를 말하는 것부터 시작하는 게 좋을 것 같군요.'

해법

❶ 먼저 두 가지 전제 조건을 충족시킨다.
  Ⓐ 사장에게 신망이 있다
  Ⓑ 간부에게 신망을 얻고 싶다는 염원이 있다

❷ 신망을 얻기 이전에 부하로부터 신뢰를 잃지 않는 것이 먼저다. 이를 위하여 그림 2 『자기 진단 시트 [부하로부터의 신뢰 편]』, 그림 3 『반성 노트』를 활용하여 하루하루를 반성하고 개선시켜 나간다.

❸ 선인들의 가르침을 배우는 것도 중요한 포인트다.

❹ 배움을 실천하는 차원에서, 부하에게 『고맙습니다』와 『미안합니다』라고 말하는 것부터 시작한다.

• 간부에게도 말할 수없는 사장의 고민 해결

신망은 부족하지만 실력이 있는 간부의 대우는 어떻게 하면 좋을까?

사장님은 그 간부를 어떻게 하시길 원하십니까?

'실력이 있는 간부니까, 큰 부문을 맡겨서 성과를 이끌어내게 하고 싶습니다.'

그렇습니까? 큰 부문에서 성과를 올리는 것을 기대하고 계시군요.

'뭐, 그렇습니다.'

참고로 그 간부는 사장님의 양보할 수 없는 이상과 철학에 맞습니까? 맞지 않다면, 맡기기 전에 좀 더 심사숙고 하시는 것이 좋습니다.

사장님, 그 간부는 신망이 부족합니까?

'네, 그래요.'

신망이 부족한데 많은 부하들이 그 간부 생각대로 움직여줄 거라고 생각하십니까?

'어떨까요? 통제 능력은 있으니까 부하들은 말을 들을 것 같은데요.'

통제를 통한 관리입니까? 그게 오래 지속될까요?

'글쎄요? 지속되기 힘들까요?'

일종의 공포 정치 같은 것이기 때문에 오래가지는 않을 것 같습니다만……

'그렇군요, 하지만 단기적으로 성과는 나올 테니, 맡겨도 되지 않을까 싶기도 한데요……'

사장님, 메리트 뿐만 아니라 리스크도 함께 고려하셔야 합니다.

'아, 리스크 말인가요?'

예, 어떤 리스크가 있다고 생각하십니까?

…… (잠시 숙고)

'위에서 아래로 누르는 형태니까, 부하들이 의욕을 잃을 수 있겠군요.'

그렇습니다. 그런 것도 있을 수 있겠군요. 첫 번째 리스크는 사원의 의욕 저하입니다.

다른 건 뭐가 있을까요?

'다른 거요? 음……. 뭐가 있을까요? 어쩌면 그만두는 사원이 나올 수도 있겠군요.'

그렇죠, 통제가 너무 강하면 그만두는 사원이 생길 수도 있습니다. 우수한 사원이 자기가 하고 싶은 대로 할 수 없다는 불만 때문에 그만둘 수도 있습니다.

'그렇군요. 우수한 사원이 그만 둔다⋯⋯. 그럴 수도 있겠어요.'

더 나아가서 그런 간부에게 중요한 직책을 맡긴 사장님에 대한 불신감이 생길지도 모릅니다.

'네? 나에 대한 불신감이요? 그건 좀 무섭네요.'

이렇게 단기적인 성과라는 메리트와 사원의 근무 의욕 저하 리스크, 퇴사 리스크, 사장님에 대한 불신 리스크가 있을 수 있다는 것을 알 수 있었습니다. 사장님, 이런 여러 가지 문제들을 고려한 결과, 어떤 생각이 드십니까?

'역시 리스크 쪽이 더 큰 것 같군요.'

그렇습니다. 리스크 쪽이 더 큰 것 같습니다. 사장님, 사이고 다카모리의 유훈을 소개해드리겠습니다.

"국가에 공을 세운 사람에게는 그에 걸맞은 포상을 내려라. 공이 있다고 하여 지위를 내려서는 아니 된다. 지위를 내리려면 당연히 지위에 걸맞은 식견이 있어야 한다. 공이 있다 하여 식견이 없는 자에게 그것을 내리는 것은 국가 붕괴의 원인이 된다."

'그렇군요. 직위는 신중하게 부여하라는 말이네요.'

네, 그러니까 신망은 부족하지만 실력이 있는 간부에게는 급여, 상여로 보상하고, 큰 직위는 주지 않는 것이 좋지 않겠습니까?

해법

❶ '공에는 포상, 덕에는 지위'이므로, 보수로 보상하고 중요한 직위에는 앉히지 않는 것이 좋다.

❷ 물론 사장이 양보할 수 없는 이상이나 철학에 동의하는 간부여야 한다.

신망을 잃은 간부는
경질해야 하는가?

사장님은 그 간부를 어떻게 하고 싶어 십니까?

'음…… 어떻게 하면 될까요? 정말 고민입니다!'

왜 고민이시죠?

'아, 그 간부가 맡고 있는 부문은 성과가 오르고 있거든요. 경질하면
성과는 나오지 않을 겁니다.'

알겠습니다. 그건 고민이겠군요. 참고로 그 간부를 경질하지 않으
면 어떻게 됩니까?

'상사를 신뢰할 수 없으니, 부하들은 모두 심신이 피폐해지겠죠.'

그렇습니까? 그 간부의 평판은 어떻습니까?

'상당히 안 좋은 것 같아요. 몹쓸 상사라고 찍혀버린 거 같아요.'

그렇군요. 상황이 꽤 안 좋은 것 같군요. 참고로 그 간부는 사장님의
양보할 수 없는 이상과 철학에 맞습니까? 맞지 않는다면 검토 대상이

아닙니다.

사장님에 대해서는 또 어떻게 평가를 할까요?

'사원들은 '왜 저런 인간을 부장으로······?'라고 생각하고 있을 겁니다.'

그렇다면 사장님에 대한 평가도 미묘하겠군요.

사장님, 어떻게 하시겠습니까?

······ (잠시 생각)

'성과를 택할 것인가? 사원의 사기를 택할 것인가? 둘 중 하나겠군요.'

그렇습니다. 사장님, 단기적으로 성과가 오르지 않으면 회사가 자금 부족으로 도산합니까?

'아뇨, 그 정도는 아니에요.'

경질하지 않으면 사장님에 대한 사원들의 신뢰는 어떻게 될 것 같습니까?

'소장님, 역시 경질해야겠어요. 성과는 열심히 하면 회복시킬 수 있겠지만 사원들로부터 잃은 신뢰는 쉽게 회복될 수 없는 거 아닙니까?'

그렇습니다. 그게 좋을 것 같습니다. 차분히 시간을 들여서 간부와 이야기를 나누십시오.

'물론 그렇게 하겠습니다.'

사장님, 실은 이번 문제는 경질 이후의 처리도 중요합니다.
'네? 경질한 이후도요?'

네, 사장님과 간부가 차분히 이야기를 한 후에는 다음 다섯 가지가 중요합니다.

① 급여, 상여는 내리지 않고 현상을 유지합니다.
　　→ 성과는 올리고 있었으므로, '공에는 포상'입니다.
② 혼자서도 활약할 수 있는 자리를 줍니다.
③ 부하가 없어도 직급은 그대로 입니다.
→ 간부의 자존심에 대한 배려입니다.
④ 깊이 반성하게 하고, 신망을 얻기 위한 노력을 하게 합니다.
⑤ 신망을 얻으면 부하를 붙여 부문을 맡깁니다.
　　→ 패자부활의 기회를 주는 것 입니다.

'그렇군요. 정말 경질한 이후도 중요하네요. 참고하여 실천해 보겠습니다.'

해법

❶ 사원의 사기 저하, 사장에 대한 신뢰 저하라는 리스크를 감안하면 단기적인 성과의 감소보다 경질하는 편이 좋다.

❷ 간부 경질 후의 처우를 다음과 같이 정하고, 차분히 간부와 이야기를 나눈다.
Ⓐ 급여, 상여, 직급은 현재대로
Ⓑ 혼자서 활약할 수 있는 자리를 준다

❸ 경질한 간부는 깊이 반성하고 신망을 얻기 위한 노력을 하게 한다. 신망을 얻으면 또 부하를 붙여 부문을 맡긴다.

❹ 물론 사장의 경영철학에 맞지 않는 간부라면 경질에 앞서 사퇴시킵시다.

간부로서의 사고방식은
어때야 하는가?

사고방식은 대단히 중요합니다. 교세라의 이나모리 명예 회장은 인생과 업무의 결과는 〈사고방식×열의×능력〉으로 결정된다고 말하고 있습니다. 식은 곱셈이므로 사고방식이 마이너스이면 아무리 능력이 뛰어나도 결과는 좋게 나오지 않습니다. 그만큼 사고방식은 중요하다고 할 수 있습니다.

'확실히 맞는 말이군요.'

사장님은 간부의 사고 방식이 어때야 한다고 생각하십니까?

'부문의 성과를 내고 있다는 전제하에, 제대로 된 사고방식을 가지고 있었으면 해요.'

그렇군요. 옳은 말씀입니다. 구체적으로는?

'목표는 반드시 달성한다, 속도를 중시한다, 변화에 대처한다 같은 거겠죠?'

알겠습니다. 모두 중요한 사고방식이군요.

그런데 간부들이 사장님의 사고방식을 어떻게 생각해 주기를 원하십니까?

'그거야 물론 동의해줬으면 하지요.'

사장님의 사고방식 모두를 말입니까?

'아니, 모두까지는 아니더라도 내가 소중하게 여기고 있는 사고방식에는 동의해줬으면 합니다.'

그렇다면 대전제로서 기업이념, 비전과 같이 사장님이 경영하는 데 있어 소중히 여기고 있는 사고방식에는 간부들이 동의해야 하는 거군요.

'물론 간부라면 당연히 동의해야지요.'

간부가 가져야 할 사고방식은 사장님이 소중히 하고 있는 사고방식과 같아야 한다는 말이 되는군요.

'그래요. 단, 내가 소중히 여기고 있는 사고방식 못지 않게 간부의 개성과 사고방식도 존중하고 싶습니다.'

여기에서 사장님의 소중한 사고방식 다섯 가지 분류를 소개하겠습니다.

① **경영을 하는 데 있어 중요한 사고방식**

　[이미 명문화되어 있는] 기업 이념, 경영 이념, 비전, 경영 방침 등

② **사람에 대한 올바른 인식**

- 인간은 어떤 존재인가
- 인간은 어떻게 살아가야 하는가
- 인간의 본질은 무엇인가

③ **인격과 사람됨을 견실하도록 만드는 중요한 사고방식**

- 인간으로서 올바른 일
- 해서는 안 되는 일

④ **부하에 대한 리더십 발휘나 매니지먼트를 실천하는 데 있어 중요한 사고방식**

- 전략 · 비전 수립 방법 · 전달 방법
- 부하가 따른다
- 부하의 의욕을 북돋운다
- 부하를 육성한다
- 부하를 평가한다

⑤ **업무를 하는 데 있어 중요한 사고방식**

- 업무를 의뢰한다 → 체크 · 확인한다 → 보고하게 한다
- 업무를 받는다 → 업무를 실행한다 → 상담 · 보고한다
- 듣고, 생각하고, 이야기하고 쓴다
- 영업, 기획, 구매 등의 전문 업무

'5개 분류군요. ① · ③은 흔히 접하는 것이고, ② · ④ · ⑤는 자신의 사고방식을 정리하는 데 있어 참고가 되는 분류 같습니다.'

이 분류를 참고로 사장님의 사고방식을 정리하여 그것을 간부와 공유하고, 간부가 가져야 할 사고방식으로 삼아 주십시오.

해법

❶ 간부로서의 사고방식은 사장이 소중하게 여기고 있는 사고방식과 같아야 한다.

❷ 그렇게 하기 위하여 사장이 소중히 여기고 있는 사고방식을 정리·가시화하여 간부와 공유한다. 사고방식 분류의 예를 다음과 같이 제시한다.
Ⓐ 경영을 하는 데 있어 중요한 사고방식
Ⓑ 사람에 대한 올바른 인식
Ⓒ 인격을 함양하고 사람됨을 견실하게 만드는 데 있어 중요한 사고방식
Ⓓ 부하에 대한 리더십 발휘나 매니지먼트를 실천하는 데 있어 중요한 사고방식
Ⓕ 업무를 하는 데 있어 중요한 사고방식

간부의 사고방식과 열의

사장의 고민 08

간부로서의 열의가
부족하다

간부의 열의가 부족합니까? 그건 문제로군요.
사장님은 그 간부를 어떻게 했으면 하십니까?
'물론 의욕을 내줬으면 하죠! 그래도 간부잖아요.'

간부에게 열의가 없으면 부하의 능력을 살려내지 못하고, 부하로부터 협력을 얻을 수도 없기 마련입니다. 참고로 그 간부는 사장님이 양보할 수 없는 이상과 철학에 맞아야 합니다.

사장님, 그 간부는 왜 의욕이 없습니까?

…… (잠시 생각)

'글쎄요. 역시 본인에게 원인이 있는 것 같아요. 간부로서의 자각이 전혀 없고, 부하에 대한 책임감도 없어요. 게다가 부문을 통솔하려고 하지도 않아요. 문제가 하나 둘이 아닙니다.'

문제가 심각한 것 같군요. 그 간부는 왜 그렇게 되어버린 것일까요?

'왜 그렇게 된 걸까요?'

전부터 그랬습니까?

'아뇨, 간부로 승진할 때는 열심히 노력했어요.'

그렇습니까? 그렇다면 지금은 왜……?

…… (잠시 생각)

'한동안 실적이 안 좋아서 자신감을 잃은 걸까요? 어쩌면 이미 포기해버린 걸까요?'

그렇군요. 그 상황을 해결하고 그 사람을 바꿔줄 수 있는 사람은 누구일까요?

'저밖에 없는 것 같습니다만.'

그렇습니다. 사장님밖에 없습니다.

사장님, 간부의 고민 해결을 돕고 있습니까?

'아니요, 그런 일은 따로 하지 않았어요.'

그렇습니까? 그래도 괜찮겠습니까?

'아닌 것 같습니다.'

무엇부터 시작하면 좋을 것 같습니까?

'질책보다는 간부의 고민을 차분히 들어주는 게 좋을까요?'

바로 그겁니다. 우선 사장님이 간부의 고민을 한 시간 이상 들어주는 것부터 시작하면 어떻겠습니까?

'네? 한 시간씩이나요?'

네, 사장님, 지금까지 한 번도 들어주지 않았으니까 한 시간은 필요합니다. 사장님, 모쪼록 중간에 꾸짖거나 하지는 말아주십시오. 꾹 참고 마지막까지 간부의 말을 들어주십시오.

사장님과 간부는 가까운 거리에 있고, 간부 회의 등 대화를 나눌 기회가 많습니다. 하지만 1대1로 사장님이 간부의 말을 차분히 들어주는 기회는 적지 않을까요? 간부가 고민하고 있을 때에는 사장님이 이야기를 들어주는 한 시간이 가치 있는 시간이 됩니다.

'알았습니다. 조용히 참아가면서 들어보겠습니다.'

그렇게 해 보면, 간부의 열의가 부족한 원인이 사장님 가설대로이거나, 부하 관리나 사적인 일로 고민하고 있는 것이거나, 다른 원인이 있다거나 하는 것을 파악할 수 있습니다.

'그렇겠군요. 그런 의미에서도 듣는 것부터 시작해야겠습니다.'

참고로 말씀 드리자면 간부가 의욕을 내지 못하는 원인을 다음과 같이 제시하겠습니다. 자세한 내용은 그림 4『간부가 의욕을 내지 못하는 원인과 해결책』을 보아주십시오.

① 회사가 원인

　회사의 장래, 사업

② **사장이 원인**

　사장의 사고방식, 사장의 신망, 권한 위임, 간부 관리

③ **본인이 원인**

　지식 · 스킬, 관리 능력, 성장, 성과, 사적인 문제

④ **환경이 원인**

　간부에 대한 평가 제도, 급여 · 상여, 업무 부여 방식

'꽤 많군요. 다 가능성이 있겠어요. 내가 원인일 수도 있으니 신경을 써야겠군요'

해법

❶ 우선 사장이 간부의 고민을 한 시간 이상 차분히 듣고, 열의가 부족한 원인을 파악하여 해결할 수 있도록 돕는다.

❷ 열의가 부족한 원인이 본인 이외에 있는 경우도 있습니다. 사장과 회사가 원인인 경우에는 바로 개선한다.

❸ 물론 사장의 양보할 수 없는 이상과 철학에 맞지 않는 간부라면 고민을 듣기 전에 퇴직하게 한다.

| 그림 4 | 간부가 의욕을 내지 못하는 원인과 해결책 |

원 인			해 결 책
대	중	소	
회사	장래	회사의 미래에 불안을 느끼고 있다	사장이 불안을 해소시킨다 /강등시킨다/전직을 권한다
	사업	사업, 상품에 흥미를 느끼지 못한다	전직을 권한다
사장	사고방식	사장의 사고방식과 맞지 않는다	사장의 양보할 수 없는 이상과 철학에 찬동하게 한다/전직을 권한다(자세한 내용은 고민 01 참조)
	신망	인격에 문제가 있다 (공사 혼동, 험담 등)	사장이 신망을 얻는다(자세한 내용은 고민 04 참조)
	권한 이양	간부에게 맡기지 않는다/간부에게 맡기고 있지만 간섭이 심하다	간부에 대한 권한 위임을 적절히 한다(자세한 내용은 제5장 참조)
	간부 관리	간부의 의욕을 꺾는다(이야기를 듣지 않는다, 인정하지 않는다 등)	사장이 변화하여 의욕을 꺾을만한 일을 하지 않는다
본인 (간부)	지식·스킬	지식·스킬이 부족하여 불안/자신감이 없다	지식과 스킬 습득/강등시킨다 (자세한 내용은 제2장 참조)
	관리 능력	관리 능력이 부족하여 불안/자신감이 없다	관리 능력을 키운다/강등시킨다 (자세한 내용은 제6장 참조)
	성장	최근 성장하지 못하고 있다	성장할 수 있도록 정진한다/능력을 키운다/강등시킨다(자세한 내용은 고민 31 참조)
	성과	부문의 성과가 나오지 않고 있다	성과를 낼 수 있도록 노력한다 /능력을 키운다/강등시킨다
	사적인 문제	사적인 문제로 고민하고 있다	회사가 할 수 있는 지원을 해준다/따뜻한 시선으로 지켜본다
환경	평가	실력보다 평가가 너무 낮다	공평·공정한 평가를 한다/납득할 수 있도록 설명한다(자세한 내용은 고민 37 참조)
	급여·상여	고정 연봉이 너무 낮다	80% 만족할 수 있는 연봉을 준다
	업무를 주는 방식	해야 할 일이 너무 많이 피폐해 있다	업무 부여 방식을 재검토한다/업무를 줄인다

간부로서의 자각이 부족하다

간부의 자각이 부족합니까? 그건 좀 곤란하군요.

자각이 없다는 그 간부는 사장님이 양보할 수 없는 이상과 철학에 동의한다는 가정하에 질문합니다. 사장님은 그 간부에게 자각을 가지게 만들기 위하여 무엇을 하고 있습니까?

'글쎄요, 당연한 일이지만, 우선 부장이나 임원으로 승진시켰어요.'

그렇군요. 대전제죠. 그 밖에는?

'부문을 맡기고, 부문 목표를 설정하여 달성 책임을 지게 하고 있어요.'

그것도 중요하죠. 그 밖에도 있습니까?

'음, 경영 회의에 참가하게 해서 경영진의 일원이라는 자각을 가지게 하고 있어요.'

경영 회의에 참가하면 간부는 저절로 자각을 가지게 될 텐데요……?

'그게 그렇기는 한데, 경영 회의에서 하는 발언이나 평소의 언행을 보고 있자면 자각하고 있다는 느낌이 안 들어요.'

아, 그렇습니까? 사장님이 생각하는 이미지와는 어긋나있는 거군요.

'뭐, 그렇다고 볼 수 있죠.'

그런데 사장님, 간부의 역할 또는 간부에게 기대하고 있는 것은 무엇입니까? (그림5를 참고하여 메모로 적어주십시오.)

사장님, 기대/역할을 몇 가지 적어주셨군요? 그 가운데 가장 중요한 세 가지는 무엇입니까? (가능하다면 메모에 세 군데 표시를 해 주십시오.)

세 가지로 좁혀졌습니까?

'네, 세 가지로 좁혀졌습니다.'

어떻습니까?

사장님은 그 세 가지가 실현되면 간부에 대한 자각이 충분하다고 판단하시겠군요?

'그건 그렇겠죠.'

그런데 사장님, 여기에서 한 가지 부탁이 있습니다. 자각이 부족한 간부에게 사장님이 간부에게 기대하고 있는 것 세 가지가 무엇인지 질문해 주시겠습니까? (반드시 실천해 주십시오.)

어떤가요? 사장님의 세 가지 기대와 같은 대답이었습니까?

'네, 세 가지 모두 같은 대답이었어요.'

네? 사장님, 그건 대단한 일이군요. 저는 1만 명 이상의 사장님을 만나고 있지만, 세 가지 모두 같은 대답을 한 간부는 거의 없었습니다. 대단한 간부입니다. 그렇지만 자각이 부족하다는 거군요. 조금 이상하다는 느낌이 드네요.

'확실히 그렇군요. 하지만 그 간부는 내 기대에 대한 실천이 부족해요.'

아, 그렇습니까? 그렇다면 엄격하게 실천하도록 만들 수밖에 없군요.

'그런데 한 가지만 같은 대답이었고 다른 두가지로 완전히 벗어난 간부도 있었어요.'

그렇습니까? 제 경험으로는 그런 경우가 가장 많습니다. 세 가지 모두 벗어난 간부도 있습니다.

'그렇군요, 그렇다면 조금 안심이긴 한데……'

사장님이 기대하고 있는 것과 간부가 생각하고 있는 사장님의 기대는 서로 어긋나 있는 경우가 많습니다. 이 차이가 사장님의 스트레스가 되고 '왜 기대대로 움직여주지 않는 거야!', '간부로서의 자각이 없는 게 문제야!'라며 화를 내게 됩니다. 경영 환경 변화에 맞추어 사장님의 기대는 변화하지만, 그 변화하는 속도에 간부가 따라오지 못하는 거죠. 그때마다 문서로 전달을 하는 것도 아니기 때문에 간부는 잊고 맙니다. 이 두 가지가 주된 이유입니다.

사장님, 간부에게 자각을 가지게 만들기 위해서, 현재 상태에서 하고 있는 시책에 덧붙여 앞에서 나온 세 가지 기대를 그림 5『간부에게 거는 세 가지 기대』로 문서화하면 어떻겠습니까? 그 문서를 간부에게 주고 설명을 하는 것에서부터 시작하는 것은 어떨까요?

'문서로 주면 간부가 잊는 일은 없어지는 것만은 확실하겠군요.'

네, 물론 문서를 주는 것뿐만 아니라 정기적으로 기대에 부응하고 있는지 여부를 함께 체크합니다.

'그러네요. 기대에 부응하고 있다면 간부로서의 자각이 충분하다는 말이 되니까요.'

그렇습니다. 기대에 부응하고 있지 못한 경우는 어떻게 하면 부응할 수 있게 될지 대화를 나누고 개선책을 입안하여 실천해 나아갑니다. 그렇게 하면 간부로서의 자각을 가지게 됩니다.

해법

❶ 우선 사장님이 그림 5의『간부에게 거는 세 가지 기대』를 작성하여, 간부에게 주고 설명합니다.

❷ 정기적으로 기대에 부응하고 있는지 여부를 함께 체크하고, 부응하지 못하고 있는 경우에는 개선책을 입안하여 실천해 나아갑니다.

❸ 간부가 세 가지 기대에 부응하고 있다면 간부로서의 자각은 충분하다고 평가할 수 있습니다.

❹ 물론 위의 시책은 사장님의 양보할 수 없는 이상과 철학에 찬동하고 있는 간부용입니다.

| 그림 5 간부에게 거는 세 가지 기대 |

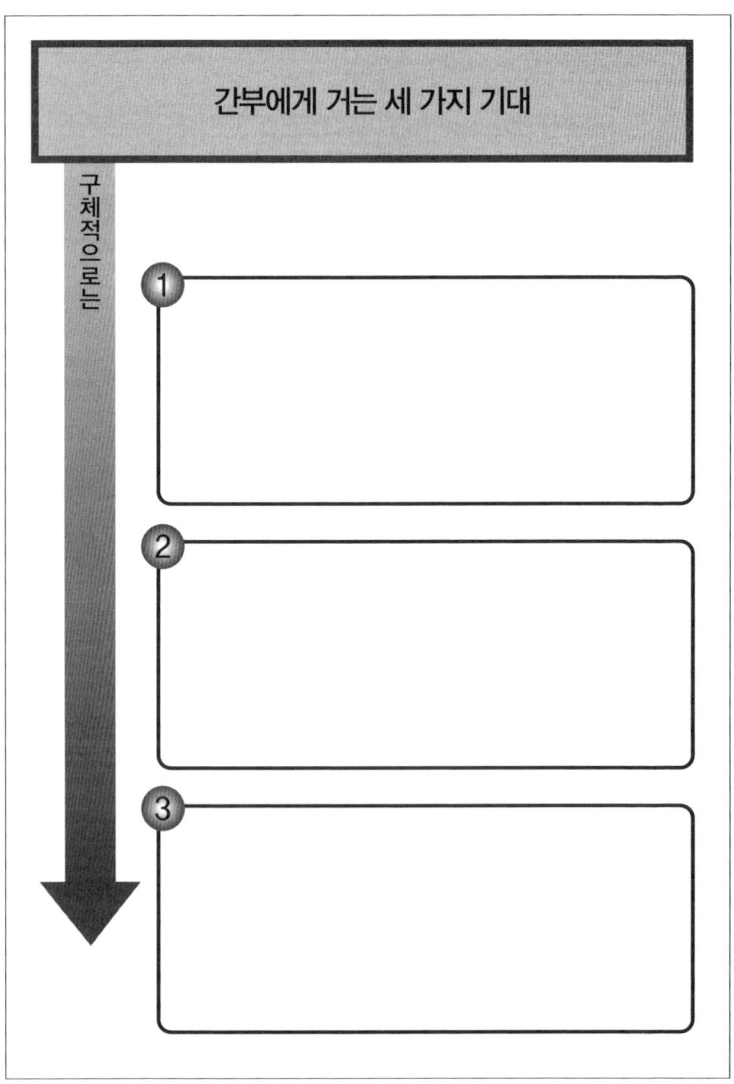

간부는 어떤 지식을
습득해야 하는가?

사장님은 간부가 어떤 지식을 습득해야 한다고 생각하십니까?

…… (잠시 심사숙고)

'글쎄요, 담당 부문의 전문적 업무 지식은 물론 필요하고, 전략, 조직, 마케팅, 경리, 인사 지식도 필요하지 않을까요?'

그렇군요. 종류가 꽤 되는군요. 사장님, 간부 전원이 그 지식들을 습득해야 합니까?

'아뇨, 모두 습득할 필요는 없겠죠. 전략과 마케팅은 필수지만……?'

간부가 결산 서류를 읽지 못해도 괜찮겠습니까?

'읽을 수 있는 편이 좋겠죠.'

그렇다면 전략, 마케팅, 회계(결산 서류를 보는 법) 정도군요.

'네, 그렇네요.'

전문적인 업무 지식은 담당 부문 이외의 간부에게도 필요합니까?

'음, 영업에 관련된 지식은 영업 부문 이외의 간부들도 익혀주었으면 해요.'

그렇군요. 역시 전원이 영업! 영업 지식은 필요하군요.

리더십과 매니지먼트에 관련된 지식은 어떻습니까?

'물론 그것도 모든 간부에게 필요해요.'

간부가 습득해야 하는 지식을 설정하는 경우에는 다음 세 가지를 포인트로 삼으면 어떻겠습니까?

① 세 개의 대 분류로 정리한다

- 전문적 업무 지식
- 리더십 · 매니지먼트와 관련된 지식
- 경영과 관련된 지식

② 전문적 업무 지식은 둘로 나눈다.

- 개별 지식

  담당 부분의 간부만 습득하는 지식

- 공통 지식

  담당 부문 이외의 간부라도 습득이 필요한 지식

③ 각 분류에서 반드시 습득해야 하는 용어, 원칙, 이론, 방법론 등을 구체적으로 설정한다.

그림 6『간부가 습득해야 하는 지식의 예』를 제시하겠습니다. 참고해 주십시오.

해법

❶ 전문적 업무 지식, 리더십/매니지먼트에 관련된 지식, 경영에 관련된 지식을 습득해야 한다

❷ 전문적 업무 지식은 담당 부문의 간부만 습득하는 개별 지식과 모든 간부가 습득하여야 하는 공통 지식으로 나눈다.

❸ 분류 별로 습득해야 하는 용어, 원칙, 이론, 방법론 등을 구체적으로 설정한다.

❹ 리더십/매니지먼트에 관련된 지식, 경영에 관련된 지식은 그림 6『간부가 습득해야 하는 지식의 예』를 참고로 하여, 사장 또는 인사 부문이 설정한다.

그림 6 간부가 습득해야 하는 지식의 예

분류			습득해야 하는 용어, 원칙, 이론, 방법론
대	중	소	
전문적 업무 지식	개별 지식	기획/개발	※ 각 회사별로 다름
		설계	※ 각 회사별로 다름
		구매	※ 각 회사별로 다름
		제조/시공/서비스	※ 각 회사별로 다름
		판매촉진	※ 각 회사별로 다름
		영업/판매	※ 각 회사별로 다름
		물류, 재고	※ 각 회사별로 다름
		애프터서비스/보수	※ 각 회사별로 다름
		인사, 채용, 노무	※ 각 회사별로 다름
		경리	※ 각 회사별로 다름
		총무, 법무, 법령준수	※ 각 회사별로 다름
		정보 시스템	※ 각 회사별로 다름
	공통 지식	영업	세일즈 타깃, 중점 판매 상품, 수주 후의 추적 대응
		CS. CL	CS 조사, CS 분석, 1대5의 법칙, 5대25의 법칙, 굿맨의 법칙, 21일의 법칙, CL 조사, CL 분석, LTV
		인사 평가	상대 평가와 절대 평가, 360도 평가, 평가 오차
		채용	면접의 질문 방법/내용, 채용 기준
		취업 관리	취업 규칙, 노동 시간, 휴일/휴가, 휴직, 퇴직, 해고
		학대	성희롱, 상사의 권력을 이용한 학대
		결산 서류	P/L, B/S, C/R, C/F
리더십매니지먼트와 관련있는 지식	리더십과 관련 있는 지식	연구자의 리더십 이론	리더십 특성론/행동론/교류론, 변혁형 리더십론, 리더십 개발론
		경영자의 리더십 지론	마쓰시타 고노스케, 이나모리 가즈오, 오구라 마사오, 잭 웰치
		역사 속의 리더	전국무장, 막말지사, 항우와 유방, 조조/유비/손권/제갈량
		고전	논어, 노자, 정관정요, 한비자, 군주론
		리더십 스타일	PM 이론, 매니지리얼 그리드 이론, SL 이론, 비전 형, 코치 형, 관계 중시 형, 민주 형, 페이스 세터 형, 강제 형
		비전 구축	※ 비전을 참조
		전략 입안	※ 경영 전략을 참고
		바람의 전달, 침투	망각 곡선, 마쓰시타 고노스케의 바람을 전하는 방법, 침투 방법
		부하가 따른다	부하로부터 신뢰를 잃지 않는 언동, 신망 있는 상사가 되는 방법
	매니지먼트와 관련 있는 지식	매니지먼트 이론	테일러의 과학적 관리, 파욜의 매니지먼트 14 원리, 메이요의 호손 효과, 드러커의 매니지먼트
		매니지먼트 스타일	독재 형, 참가 형, 임파워먼트
		부하에 대한 동기부여	허즈버그의 위생 이론, 매슬로의 욕구 5단계설, 맥그리거의 X 이론/Y 이론, 양동이 이론, 자욘스의 법칙, 세 개의 고리
		부하 육성	이나모리 가즈오의 인생/업무의 방정식, 능력의 3요소, 경험 학습 모델, 피그말리온 효과, 골렘 효과, 장점 신장
		부문 목표 달성	목표 관리 제도(MBO), PDCA, SMART, 체크하는 타이밍과 방법, ACT to CHECK
		부문 과제 해결	중요도/긴급도 매트릭스, 특성요인도, MECE, 로직 트리, 본질적 과제 파악 방법, 브레인스토밍
		코칭	정의, 코칭의 한계, 티칭과의 차이, 체계, 페이싱, GROW 모델

| 그림 6 간부가 습득해야 하는 지식의 예 |

분류			습득해야 하는 용어, 원칙, 이론, 방법론
대	중	소	
경영과 관련 있는 지식	회사의 기본과 관련 있는 지식	회사의 기관	주주총회, 이사, 이사회, 감사
		회사 경영	경영에 필요한 요소, 사장에게 필요한 능력, 경영 간부에게 필요한 능력
		회사의 성장, 쇠퇴	성장 스테이지 별 특징
		경영 용어	IPO, ISO, CSR, BCP, 내부 통제
	기업 이념/비전과 관련 있는 지식	기업 이념	정의, 필요성, 책정 방법, 전 사원을 대상으로 한 침투/실천 방법, 개정 필요성
		비전	정의, 필요성, 책정 방법, 전 사원을 대상으로 한 침투/실천 방법, 개정 필요성
		행동 규범	정의, 필요성, 책정 방법, 전 사원을 대상으로 한 침투/실천 방법, 개정 필요성
	경영 전략과 관련 있는 지식	경영 전략의 역사	경영/매니지먼트(테일러, 메이요, 파욜, 드러커) →포지셔닝 학파(안소프, 챈들러, 포터) →케이퍼빌리티 학파(피터스, 하멜, 버니) →컨피규레이션 학파(민츠버그, 김위찬과 마보안) →대 이노베이션 시대(크리스텐슨)
		경영 전략의 이론, 개념, 수법	손자(오사칠계), 란체스터 법칙, 마케팅의 근시안, 챈들러의 기업 발전 패턴, 포지셔닝 이론, 벤치마킹, 코어 컨피던스, RBV(자원 베이스의 전략론), 센게의 학습하는 조직, 노나카의 SECI 모델, BSC, 전략 캠퍼스
		경영 전략 이론(최신)	시행착오 형 경영 전략(린 스타트업, 적응 전략)
		경영 전략의 정의/분류	정의, 목표와의 차이, 전술과의 차이, 전사 전략, 사업 전략, 기능별 전략
		경영 전략의 종류	안소프의 네 가지 성장 전략, 코틀러의 네 가지 경쟁 전략, 포터의 세 가지 경쟁 전략, 란체스터의 전략, 블루오션 전략
		경영 전략 책정 순서	환경 분석, 사업 영역(도메인) 설정, 전략 설정, 의도적(계획적) 전략과 창발적 전략
		외부 환경 분석	PEST 분석, 5F(Forces) 분석, SWOT 분석, 3C 분석
		내부 환경 분석	가치 사슬 분석, VRIO 분석, SWOT 분석, 3C 분석, 7S 분석
		전략 책정	안소프의 성장 매트릭스, 보스톤의 PPM, 쿠어 컨피던스, KFS
	경영 계획과 관련 있는 지식	중장기 경영 계획이란	정의, 필요성, 내용
		중장기 경영 계획 책정 순서	환경 분석, 강점/과제 설정, 전략 책정, 테마/구체적 시책 설정, 상세 계획 작성/발표
		연도 경영 계획이란	정의, 필요성, 내용
		연도 경영 계획 책정 순서	경영 방침 설정, 테마/구체적 시책 설정, 조직 설계, 손익 예산 설정, 목표 설정, 계획서 작성/발표
	경영 조직과 관련 있는 지식	조직 이론	조직의 3S(Structure, System, Staffing), 조직의 3가지 합리성(전략 합리성, 조직 윤리 합리성, 의무 특성 합리성)
		조직 구조	기능별 조직, 사업부제 조직, 매트릭스 조직, 플랫 형 조직, 컴퍼니제 조직, 프로젝트 조직, 네트워크 조직/완전 분사제 조직
		조직 설계	조직의 5가지 기능(기획, 의사 결정, 조정, 실행, 평가), 조직의 4가지 운영 조건(책임, 권한, 자원, 보수), 라인과 스태프 매니지먼트의 적정 인원수, 계층의 적정 수, 간접 부문의 적정한 사람수 비율

그림 6 간부가 습득해야 하는 지식의 예

분류			습득해야 하는 용어, 원칙, 이론, 방법론
대	중	소	
경영과 관련 있는 지식	마케팅과 관련 있는 지식	마케팅 전략	STP, 포지셔닝 맵, 4P, 제품 라이프 사이클 별 전략, 브랜드 전략
		마케팅 이론/법칙	마케팅 마이오피아, 이노베이터 이론, 캐즘, 파레토 법칙, 롱 테일, CRM, LTV, RFM 분석, AIDMA,
		마케팅 수법	지역 마케팅, 커뮤니티 마케팅, 바이럴 마케팅, 소셜 마케팅, 콘텍스트 마케팅, 라이프스타일 마케팅, One to One 마케팅, 마케팅 리서치, 생활자 분류 변수
		상품: Product	코틀러의 제품 3층 모델, 브랜드의 계층, 브랜드를 구성하는 요소, 프로덕트 라이프사이클
		가격: Price	3가지 가격 결정 방식, 경험 곡선 효과, 스키밍 전략, 시장 침투 전략, 정박 효과, 밴드왜건 효과, 속물 효과
		판매 채널: Place	유통 채널의 타입(직접 형, 간접 형(개방 형, 선택 형, 배타 형)), 채널의 길이, 상권, 우월 전략
		판매 촉진: Promotion	풀 전략(PR, 광고, SP), 푸시 전략(SP, 인적 판매), 구전 마케팅, 구전을 환기하는 방법, 판매촉진책
	회계/재무와 관련 있는 지식	재무제표의 개별 테마	재고자산, 감가상각과 고정자산, 원가계산, 세무
		재무제표 분석	성장성 분석, 수익성 분석, 생산성 분석, 안정성 분석, ROA, ROE
		관리 회계	관리 책임 단위, 손익 구조, 부문별 손익 계산, 사내 이전 가격, 본사비 배부, 변동비와 고정비, 손익분기점 분석
		예산 관리	예산 체계, 손익 예산, 예산 편성, 예산 실적 관리표, 예산 관리의 PDCA
		파이낸스	캐시플로, 운용 자금 관리, 자금 조달
	인사와 관련 있는 지식	채용/배치와 이동	채용 계획, 채용 프로세스, 채용 기준, 초임 배속과 이동, 자기 신고 제도, 사내 공모 제도
		평가	연공주의, 능력주의, 성과주의, MBO, 평가의 종류, 컴피턴시, 다단계 평가와 다면 평가(360도 평가), 상대 평가와 절대 평가, 평가 오차, 평가자 훈련, 등급, 직능 자격 제도
		보수	임금 체계, 임금 테이블, 정기 승급과 베이스 업, 실적 연동 상여, 매상고 인건비 비율, 노동 분배율, 퇴직금 포인트제, 법정 복리비, 법정 외 복리비, 부가급여 포인트제, 확정급여형 연금, 확정기여형 연금(401k)
		능력 개발	CDP, OJT/OffJT/SD, 교육 연수 체계, 멘토 제도, 코칭, 액션 플래닝, 기능 전승
	리스크 관리와 관련 있는 지식	리스크의 종류	재해 리스크, 해외 리스크, 영업 리스크, 상품 리스크, 환경 리스크, 법무 리스크, 노무 리스크, 재무 리스크, 정보 보안 리스크
		리스크 분석	리스크를 찾아내는 방법, 리스크 분석 방법
		리스크 대책	리스크 관리 체제
	업무 개혁과 관련 있는 지식	이론/법칙/수법	하인리히의 법칙, TOC(제약 관리), QCD, 5W1H, 3무(무다, 무라, 무리), 5S, ECRS, CMMI, 벤치마킹, 코터의 변혁 8단계 CFT, 업무 표준화/매뉴얼 화
		아이디어 입안	SCAMPER, 마인드 맵, 만다라트
		의사 결정	페이오프 매트릭스, 레이더 차트, 의사결정 매트릭스

간부가
공부를 하지 않는다,
책을 읽지 않는다

간부는 왜 책을 읽지 않습니까?

'왜 그럴까요? 책을 싫어하는 것 아닐까요? 필요성을 느끼지 못하는 것일 수도 있고요.'

그렇습니까? 사장님은 거기에 대해서 어떤 대책을 취하고 있습니까?

'무조건 책을 읽어! 라고 말을 하거나 꼭 읽어주었으면 하는 책은 사서 나눠주고 있어요.'

효과는 어땠습니까?

'유감스럽지만 별로 효과가 없어요.'

사장님, 저도 유감입니다.

'맞아요, 소장님, 무슨 좋은 방법이 없을까요?'

사장님, 좋은 방법이 있습니다. 이름하여 『사장과 간부가 책을 통하여 배우는 모임』입니다.

'네? 나랑 간부가 책을 통하여 배우는 모임? 우리 간부들, 놀라지 않을까요?'

네, 놀랄 겁니다. 하지만 사장님, 이 방법은 계속 이어지지 않을 수가 없을 겁니다.

'네? 왜요?'

사장님 회사의 간부회에서 하기 때문입니다.

'간부회에서요? 어떻게요?'

방법은 정말로 간단합니다. 정기적으로 개최하고 있는 간부회 시간을 30분만 사용합니다.

'30분이나 씁니까?'

사장님, 30분도 못 내십니까?

'못 낼 건 없지만……. 정 안되면 30분 연장하면 되겠네요. 그래서 뭘 하나요?'

우선 사장님이 간부에게 읽히고 싶은 책을 골라 간부에게 구입하라고 지시하십시오.

'사지 않는 간부도 있지 않을까요?'

그런 경우에는 회사에서 지급하십시오. 그리고 사장님이 간부회에서 간부에게 다음과 같이 지시하십시오.

"다음 간부회까지 반드시 과제 도서를 읽을 것. 그리고 ① **책을 읽은**

감상, ② 자기 업무에 활용할 수 있는 것, 이 두 가지를 정리해 올 것. 발표자는 ○○와 ○○ 두 사람으로 하겠습니다."

'그렇군요, 지시 내용은 간단하네요. 하지만 발표자 이외의 사람은 읽지 않고 오지 않을까요?'

네? 그 정도인가요? 사장님! 처음에는 그래도 괜찮으니까 진행하십시오.

제가 경험한 가장 심한 간부는 책을 가지고 오지 않았습니다.

'네? 지급한 책을 안 가지고 와요? 그건 너무 하네요. 우리 간부보다 심한 것 같아요.'

너무 심합니다. 책을 정말 싫어했던 모양입니다.

하지만 사장님, 여기에서 부탁이 있습니다. 책을 잊고 온 간부, 책을 읽어오지 않은 간부에게 꾸짖지 마십시오. 책을 통하여 배우는 모임은 그대로 진행해 주십시오.

'알았어요. 꾹 참고 진행할게요. 그런데 구체적인 진행 방법은?'

네, 다음 순서로 진행하십시오.

① 우선 발표자가 책을 읽은 감상과 업무에 활용할 수 있는 것을 발표한다.

② 다음으로, 질의응답 한다.

③ 그리고 전원이 의견을 교환한다.

책을 잊고 온 간부, 책을 읽어오지 않은 간부는 의견 교환에 참가시키지 않습니다. 아마도 창피하다는 기분이 들지 않겠습니까?

'그렇군요, 수치심으로 벌을 주는 거군요?'

네, 그렇습니다. 발표나 의견 교환에서는 '책의 이 부분이 나의 매니지먼트에 효과가 있었습니다', '책을 읽고, 자신의 사고방식은 잘못돼 있다는 것을 알게 되었습니다' 등의 이야기도 나올 겁니다.

'아, 그렇군요. 그렇게 해서 책의 좋은 점을 간부가 느끼게 만드는 거군요.'

사장님, 그렇습니다. 책을 통하여 배우는 모임을 2회, 3회, 계속해 나아가는 가운데 책을 잊고 오던 간부가 책을 가지고 오게 되고, 좀 지나면 책을 읽게 되고, 다른 간부와 의견 교환을 하게 되는 그런 변화가 나타납니다.

'그렇군요, 내가 말하는 것보다 동료의 변화 쪽이 설득력이 있기 마련이죠.'

물론 모임의 마지막에는 사장님이 그 책에서 간부들에게 전하고 싶었던 것을 차분하게 말씀하십시오.

'그렇군요! 나도 발언을 하는 거군요!'

네, 사장님의 말씀이 중요합니다. 그러니까 '사장과 간부가 책을 통하여 배우는 모임'이라고 하는 겁니다.

이런 방법으로 매번 간부회에서 30분은 반드시 '사장과 간부가 책을 통하여 배우는 모임'을 실시하여 주십시오. 같은 책으로 6개월을 해도 좋고, 책은 매번 바꾸어도 좋습니다. 사장님과 간부 전원이 책을 통하여 배우고 자신의 업무에 살려나간다. 이것을 계속해 나아가는 것입니다.

'계속하는 게 중요하지요.'

제 경험으로는 책을 싫어하던 간부도 조금 지나면 열심히 책을 읽고, 활발하게 의견을 교환하게 됩니다. 이상한 일이죠. 아마 읽어보지도 않고 거부감만 가지고 있었던 걸 겁니다. 책을 좋아하게 되고, 스스로 책을 사고, 책을 통하여 배우게 됩니다.

'아, 그렇군요. 그러면 바로 '사장과 간부가 책을 통하여 배우는 모임'을 해보겠습니다.'

해법

❶ 정기적으로 개최하고 있는 간부회 시간을 30분 사용하여 '사장과 간부가 책을 통하여 배우는 모임'을 다음 순서로 실시한다.

Ⓐ 사장이 과제 도서를 정하고, 모든 간부가 책을 준비한다(회사가 책을 지급해도 좋다).

Ⓑ 책을 사전에 읽고, 책을 읽은 감상과 자신의 업무에 활용할 수 있는 것을 정리한다.

Ⓒ 사전에 지명된 발표자가 책을 읽은 감상과 업무에 활용할 수 있는 것을 발표한다.

해법

ⓓ 그 다음에 질의응답을 하고 전원이 의견을 교환한다 (사장은 책을 잊고 온 간부, 읽어오지 않은 간부를 꾸짖지 않고 그대로 진행합니다).

ⓕ 마지막으로 사장이 간부에게 전하고 싶은 말을 하고 마친다.

❷ 같은 책으로 계속해도, 책을 바꾸어도 좋지만, 매번 간부회 30분은 '사장과 간부가 책을 통하여 배우는 모임'으로 이어간다.

사장의 고민 ⑫

간부는 어떤 스킬을
습득해야 하는가?

사장님은 간부에게 어떤 스킬이 필요하다고 생각하십니까?

…… (잠시 숙고)

'음, 글쎄요. 결단력과 실행력, 그리고 매니지먼트 능력, 목표 완수 능력, 나아가 코칭 능력, 인재 육성 능력, 욕심을 부리자면 창조력도 있었으면 해요.'

꽤 많군요

'그러네요, 꽤 되는군요.'

참고로 그 스킬은 모두 다 필요합니까?

'어떨까요……. 내 이상만 따지자면 모두 필요하지만, 우리 간부 입장에서 생각하면 많은 것 같기도 하군요.'

그럴지도 모릅니다. 사장님 회사의 간부라면, 어느 정도 필요할까요?

'조금 고민되네요.'

그렇다면 기대하는 것부터 들어가보면 어떨까요? 간부에게 기대하고 있는 것, 있지요?

'물론 있지요'

사장님, 바로 해 봅시다.

간부 하나를 떠올리면서 그림 7 '간부가 습득해야 하는 스킬 설정 시트'를 봐 주십시오. 우선 장래 어떻게 되어 주었으면 하는지를 설정합니다. 어떻습니까?

'글쎄요, 3년 후에는 내가 관여하지 않아도 담당 사업부의 업적을 착실히 향상시켜 나아갈 수 있게 되면 좋겠네요.'

그렇군요, 상당히 구체적인 기대입니다. 3년 안에 담당 사업부의 업적을 향상시키기 위해서 현 시점에는 무엇을 기대하고 있습니까? 세 가지 예를 들어 보십시오.

| 그림 7 간부가 습득해야 하는 스킬 설정 시트 |

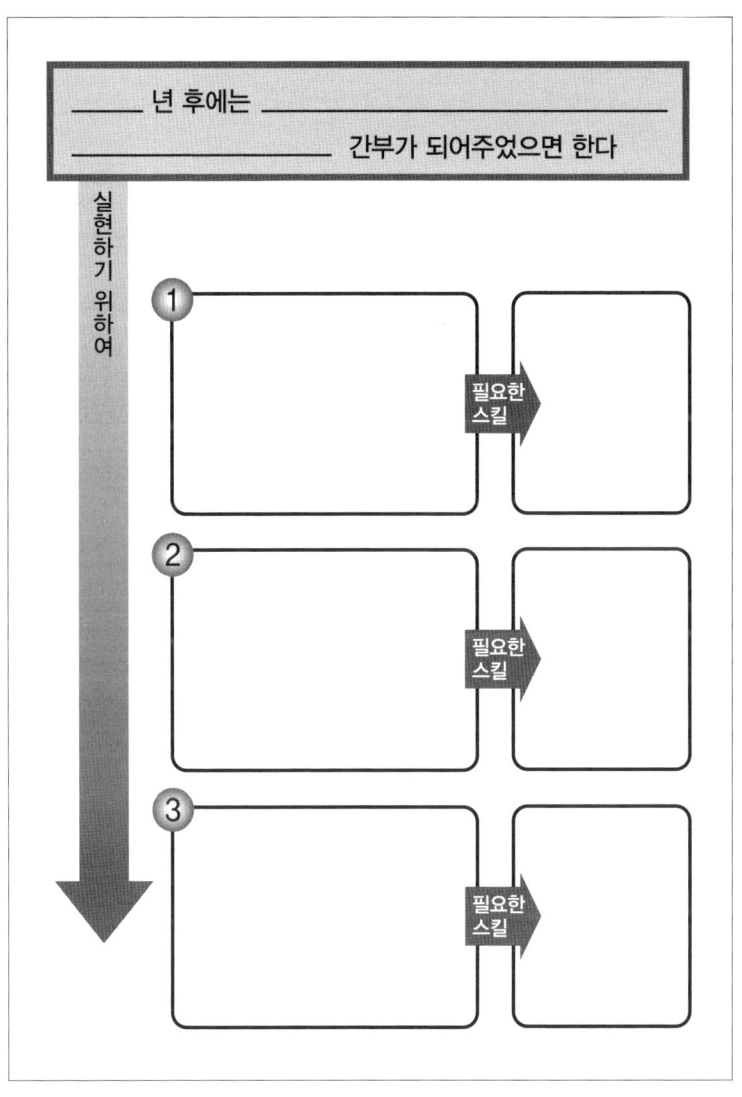

'지금 상황이라면 ① 부문 목표 달성, ② 부하의 업무 의욕 증진, ③ 부하 육성, 이렇게 세 가지를 기대하겠어요.'

그러면 그 세 가지를 실현하기 위해서 필요한 스킬을 각각 찾아나갑니다.

① '부문 목표 달성'에 필요한 스킬은 무엇입니까?

'글쎄요, '부하가 의욕이 생기게 하는 능력'과 '부하를 육성하는 힘'은 필수적이네요. 그것과 부하와 함께 부문의 PDCA(주: Plan → Do → Check → Action)를 제대로 운용할 수 있는 능력이 있으면 되지 않을까요?'

그렇군요, 사장님, 설정됐습니다.

②의 '부하의 업무 의욕 증진'을 실현하는 데 필요한 스킬은 무엇입니까?

'우선 인간 관계를 유지하는 능력은 반드시 필요하죠. 다음으로 의견을 듣는 능력, 칭찬하는 능력, 인정하는 능력도 필요하지 않을까요?'

사장님, 대답이 술술 나오는군요.

'이렇게 하니까 생각이 잘 나네요.'

이런 방법으로 간부에게 거는 기대를 떠올리면서 간부에게 필요한 스킬을 설정해가면 어떻겠습니까?

'그렇군요. 그렇게 해볼게요.'

그림 8에서 그림 12에 간부가 습득해야 하는 일반적인 스킬을 제시하겠습니다. 참고로 해 주십시오.

해법

❶ 일반적으로는 인간 관계를 유지하는 능력, 기초 스킬, 전문 스킬, 매니지먼트 스킬, 리더십 스킬, 경영 스킬을 습득한다.

❷ 개별, 구체적으로는 간부에 대한 사장의 기대를 떠올리며 간부 하나하나가 습득해야 할 스킬을 설정한다.

❸ 그림 7 '간부가 습득해야 하는 스킬 설정 시트'를 활용하여 설정한다.
　Ⓐ 먼저 간부에게 장래에 어떻게 되어주었으면 하는지 기입한다.
　Ⓑ 다음으로 그것을 바탕으로 현 시점에서의 간부에 대한 기대를 세 가지 기입한다.
　Ⓒ 그리고 세 가지 기대를 실현하기 위하여 필요한 스킬을 뽑아 기입한다. 그것이 간부가 습득해야 하는 스킬이 된다.

| 그림 8 능력 모델 (전체상) |

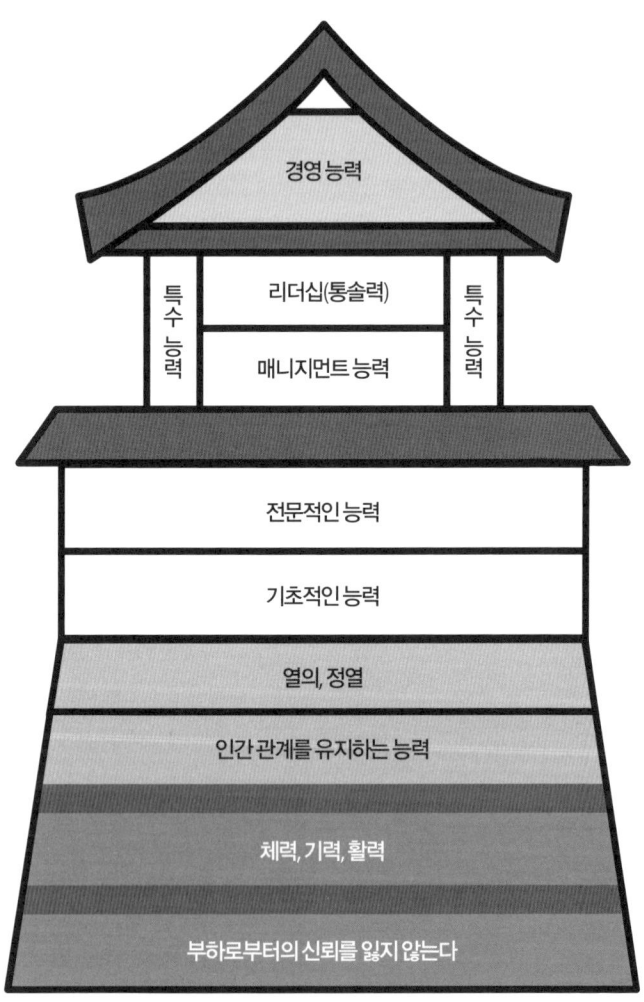

• 간부에게도 말할 수없는 사장의 고민 해결

| 그림 9 인격자, 덕이 높은 사람 |

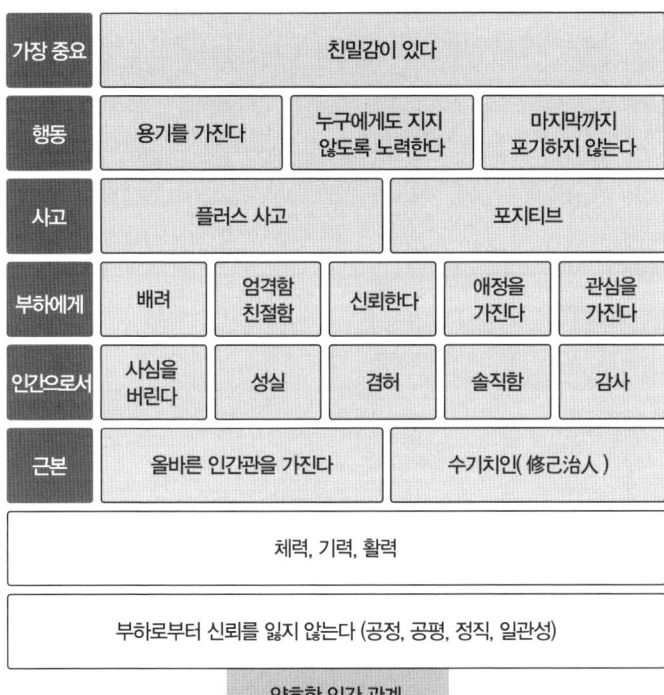

가장 중요	친밀감이 있다				
행동	용기를 가진다	누구에게도 지지 않도록 노력한다		마지막까지 포기하지 않는다	
사고	플러스 사고		포지티브		
부하에게	배려	엄격함 친절함	신뢰한다	애정을 가진다	관심을 가진다
인간으로서	사심을 버린다	성실	겸허	솔직함	감사
근본	올바른 인간관을 가진다		수기치인(修己治人)		

체력, 기력, 활력

부하로부터 신뢰를 잃지 않는다 (공정, 공평, 정직, 일관성)

양호한 인간 관계
굳건한 신뢰 관계

부하로부터의 신뢰와 존경이 모인다

인격자, 덕이 높은 사람

| 그림 10 기초 능력 |

테마	능력	
	대	소
네 가지 기초 능력	듣는능력	고개를 끄덕이고 맞장구를 칠 수 있다. 상대방의 말을 끝까지 들을 수 있다. 듣기: 말하기 = 4: 1로 들을 수 있다. 질문을 통하여 상대방의 말을 들을 수 있다.
	생각하는 능력	언제나 '왜?'를 생각한다. 논리에 맞게 생각할 수 있다. 로직 트리를 만들 수 있다.
	말하는 능력	적절한 경어를 사용할 수 있다. 결론부터 말할 수 있다. 완급을 조절하여 말할 수 있다. 상대방의 공감을 얻게 말할 수 있다.
	쓰는 능력	초벌 작업을 한 다음에 문서를 쓰고 있다. 프린트한 다음에 체크하고 있다. 적절한 경어를 사용할 수 있다. 이해하기 쉬운 메일, 문서를 쓸 수 있다.
업무 토대	업무 접수	업무를 받았을 때에 내용, 납기, 포인트, 명확하지 않은 점을 확인할 수 있다.
	업무 계획	업무를 진행하기 쉽도록 잘게 나눌 수 있다. 업무 계획(일람, 순서, 완료 예정)을 만들 수 있다. 업무를 계획대로 진행할 수 있다.
	업무 진척 관리	업무 완료를 체크할 수 있다. 업무의 진척도를 파악할 수 있다. 업무가 미완료일 때 대처할 수 있다.
	보고/상담	적절한 타이밍에 알기 쉽게 보고할 수 있다.
	정리정돈	필요한 자료, 데이터를 바로 찾을 수 있다. 불필요한 자료, 데이터를 버리고 있다.

● 간부에게도 말할 수없는 사장의 고민 해결

| 그림 11 매니지먼트 실천에 필요한 능력 |

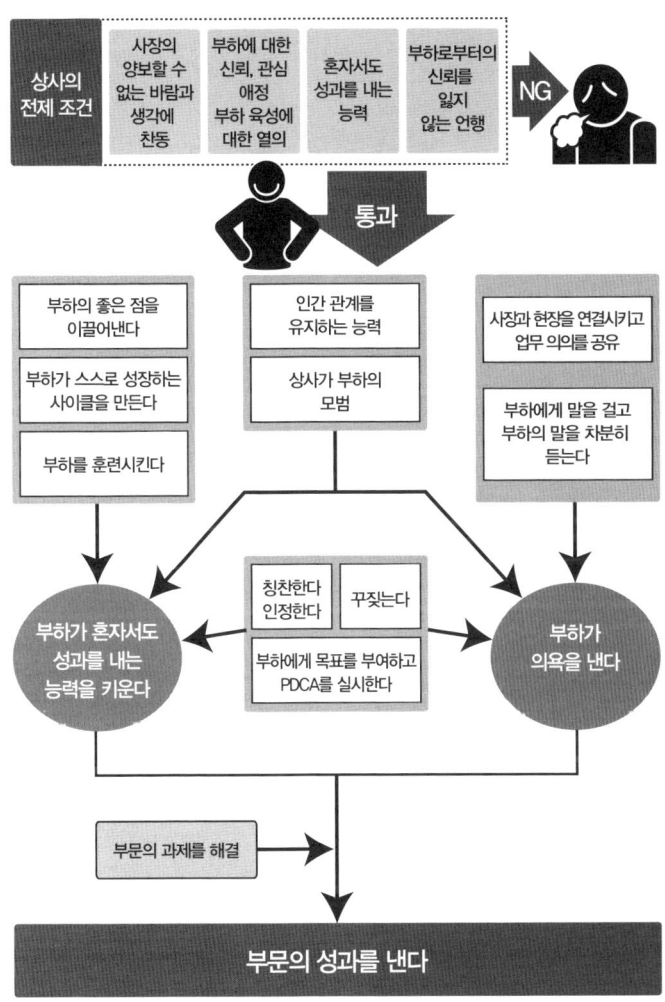

| 그림 12 리더십 발휘에 필요한 능력 |

능 력		
테마	대	소

각오	각오를 가진다	부하를 위해 죽을 각오를 한다	목숨을 걸고 임하는 능력 자신의 생명을 버려 부하의 목숨을 구한다는 책임감을 가진다
올바른 방향을 제시한다	목표로 삼는 모습(비전) 설정	비전 설정능력	선견지명, 상상력, 창조력, 기획력, 구상력, 담력, 결단력, 적응력, 자기 혁신 능력, 직감
	전략 설정	전략 입안 능력	정보수집 능력, 분석력, 과제 추출, 파악 능력, 논리적 사고력, 통찰력, 담력, 결단력, 적응력, 리스크 테이크 능력, 지식(경영, 업계, 업무), 식견, 직감
	전단/ 공유한다	커뮤니케이션 능력	말의 힘, 표현력, 전달하는 힘, 말하는 힘, 경청 능력, 설득력, 사람의 기분을 이해하는 힘, 공감력, 사람의 마음의 특징을 아는 힘
		침투력	반복하여 전달하는 힘, 침투하는 구조를 만드는 힘, 침투하는 방법을 만드는 힘
기꺼이 따른다	부하가 기쁜 마음으로 따른다	동기부여 능력	구심력, 동기 부여 능력, 교육하는 힘, 활기차게 만드는 힘(활력 불어넣기), 비전으로 끌어들이는 힘, 부하를 끌어들이는 힘
		모범을 보이는 능력	솔선수범하는 실행력, 낙관성, 책임력, 단결력
		기초	인간 관계를 유지하는 능력, 정열/열의, 기초적인 능력, 전문적인 능력, 매니지먼트 능력
		대전제	부하로부터의 신뢰를 잃지 않기, 체력, 기력, 활력

제3장

간부를
육성하는 비결은
무엇인가

간부가
잘 육성되지 않는다

그렇습니까? 간부가 육성되지 않는군요. 그러면 안 되죠. 사장님, 왜 간부가 육성되지 않을까요?

'…… 음, 왜일까요? 역시 간부의 능력이 부족한 걸까요?'

그렇군요, 간부의 능력 부족입니까? 그건 큰 문제군요. 그 밖에는?

'간부를 육성하는 시스템이 없기 때문일까요?'

그런가요? 육성 시스템이 완벽하지 않군요? 그것도 문제입니다. 그 밖에는 어떻습니까?

'그 밖이요? 또 뭐가 있을까요?'

참고로 사장님에게는 원인이 없습니까?

'네? 나한테요? 글쎄요…….'

예를 들어 간부 육성에 대한 사장님의 열의는 어떻습니까?

'육성에 대한 열의요? 그건 있는 것 같은데요…….'

그렇습니까? 그러면 사장님이 간부 육성에 들이는 시간은 어떻습니까?

'내 시간이요? 많이 들이지는 않는 것 같아요.'

사장님의 전체 시간의 몇 %를 투입하고 있습니까?

'음, 글쎄요? 아마 10%는 안 될 거예요.'

10% 미만입니까! 조금 더 시간을 들여도 되지 않을까요?

'그럴지도 모르겠네요. 나도 간부 육성에 관여하는 게 좋을 것 같군요.'

사장님, 꼭 그렇게 해 주십시오.

그런데 사장님, 간부 육성이 제대로 이루어질 수 있는 간부의 전제 조건은 충족시키고 있습니까?

'네? 간부의 전제 조건이요? 그건 뭔가요?'

네 가지 있습니다. 충족시키지 못하는 것이 하나라도 있으면 간부는 사장님의 기대만큼 자라지 않습니다.

'네? 하나만 있어도 안 되는군요. 우리 회사는 어떨까요? 신경이 쓰이네요.'

그러면 첫 번째를 소개하겠습니다.

질문 1 간부는 사장님이 양보할 수 없는 이상과 철학에 동조하고 있습니까?

몇 번씩이나 소개하고 있지만, 가장 중요한 것이므로 질문 1로 했습니다. 어떻습니까?

'안 된 얘기지만 충족시키지 못하는 간부도 있네요.'

그렇습니까? 그 간부는 어떤 방법으로 육성을 하더라도 아마 사장님이 기대하는 간부는 되지 못할 겁니다.

'내가 양보할 수 없는 이상과 철학에 동조하지 않는 간부는 키우려고 해도 크지 않을 수 있겠네요.'

그렇습니다. 아무리 육성해도 사장님의 분신이 되는 간부는 되지 않을 겁니다. 다른 방법을 검토할 필요가 있지 않을까요? (고민 01 참고)

'그래야겠네요. 다른 방법을 검토해 보겠습니다. 나머지 세 가지는 뭔가요?'

질문 2 간부로서 최고의 열의를 가지고 있습니까?

질문 3 부문으로 성과를 낸 실적이 있습니까?

질문 4 부하로부터 신뢰를 잃을 언행을 하고 있지 않습니까?

사장님, 어떻습니까?

'역시 세 가지 조건을 충족시키지 못하는 간부가 있네요.'

그렇습니까? 이 세 가지 조건을 충족시키지 못하는 간부는 애초에 간부로 삼는 게 옳았는지, 강등시켜야 하지 않는지를 생각해 보아야 하는데, 두 경우 모두 간부로 육성하기 이전에 해결해야 할 문제가 아닐까요?

'그럴지도 모르겠군요. 그런 간부를 육성하는 건 의미가 없을지도 몰라요. 우선 전제 조건을 충족시키는 것부터 시작하지 않으면 안 되겠군요.'

그렇습니다. 여러 가지로 노력을 해도 개선되지 않는 간부는, 강등도 검토하는 것이 좋지 않겠습니까?

'그렇네요, 강등도 필요하겠네요.'

저는 지금까지 1만 명 이상의 사장님으로부터 '간부가 육성되지 않는다'라는 고민을 들었습니다. 그 원인은 간부 육성 시스템, 방법보다 의외로 육성 대상인 간부가 이 전제 조건을 충족시키지 못하는 것에 기인하는 경우가 많았습니다.

'아, 그렇군요! 이해가 돼요. 이 조건을 충족하는 간부는 알아서 성장할지도 모르겠네요.'

'소장님, 만약 간부가 네 가지 전제 조건을 모두 충족시키고 있다면 어떻게 하면 될까요?'

사장님, 그건 정말 훌륭하네요. 그런데도 성장하지 않는 겁니까?

'네, 그래요. 뭔가 문제가 있는 거겠지요?'

그러면 간부 육성의 왕도를 실천하고 있는지, 고민 14에서 다시 한 번 평가해 주십시오.

해법

❶ 먼저 다음에 제시하는 간부의 전제 조건부터 체크한다.

   Ⓐ 간부는 사장이 양보할 수 없는 이상과 철학에 동조하고 있는가?

   Ⓑ 간부로서 최고의 열의를 가지고 있는가?

   Ⓒ 부문으로 성과를 낸 실적이 있는가?

   Ⓓ 부하로부터 신뢰를 잃을 언행을 하고 있지 않는가?

❷ 전제 조건 체크에서 네 가지 모두 YES가 아닌 간부는 아무리 육성을 해도 사장의 기대에 맞게 성장하지 않는다.

❸ 전제 조건을 충족시킬 수 있도록 사장이 지도를 해 나가거나, 강등을 시키는 두 가지 방법 중 하나가 필요하다.

❹ 전제 조건을 네 개 모두 충족시키고 있는 간부가 성장하고 있지 않은 경우에는 간부 육성의 왕도를 기준으로 현재 상황의 간부 육성 시스템, 방법을 평가한다.

| 그림 13 간부의 전제 조건 |

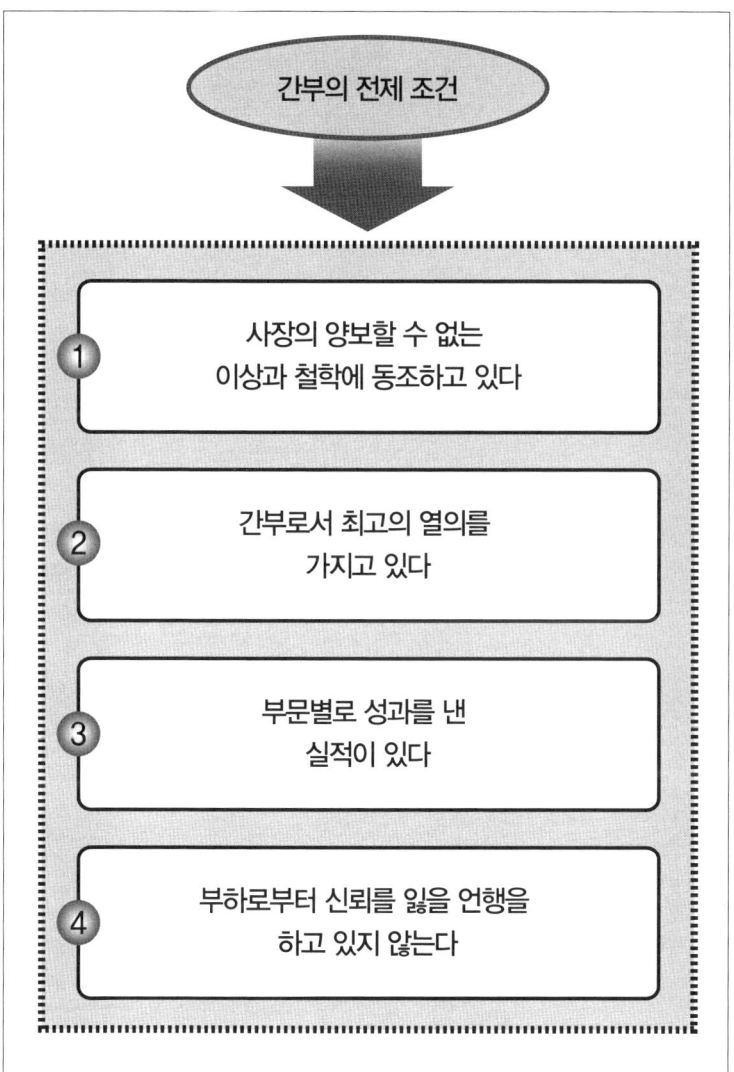

간부 육성에
왕도가 있는가?

사장님, 간부 육성에 왕도가 있다고 생각하십니까?

'음, 글쎄요. 왕도라······. 있지 않을까요?

저도 있다고 생각합니다. 참고로 사장님이 생각하는 간부 육성의
왕도란 무엇입니까?

······ (잠시 숙고)

'글쎄요? 외부에 의지하지 않는 것 아닐까요?'

네, 맞습니다. 외부에 의존하지 않고 사내에서 실시하는 것은 매우
중요합니다.

그런데 왕도는 하나뿐일까요?

'아니요, 다른 것도 있지 않을까요?'

그것은 무엇입니까?

'다른 하나는 목표점입니다. 어떤 간부가 되었으면 좋은지를 명확

히 하는 것이 우선입니다.

확실히 그렇습니다. 이 책에서도 몇 차례 언급했습니다만, 저는 목표점을 '간부에게 거는 사장님의 기대'라고 부르고 있습니다.

'간부에게 거는 기대라고요? 그렇군요.'

사장님은 간부에게 거는 기대를 명문화하고 있습니까?

'네, 하고 있습니다. 간부도 충분히 이해하고 있다고 생각합니다'

역시 사장님이시네요. 아주 훌륭하십니다.

'아니요, 저는 입으로는 항상 말하고 있지만, 종이에 쓰지는 않았습니다.'

그렇습니까? 그렇다면 사장님이 간부에게 거는 기대를 종이에 써서 볼 수 있게 만들어주십시오.

그런데 사장님의 회사에는 육성 대상이 되는 간부가 몇 명 있습니까?

모두 육성 대상자로 적절합니까? 고민 13의 해법 1의 4가지 조건으로 체크해보십시오.

그러면 여기에서 제가 생각하는 간부 육성의 왕도를 소개하겠습니다.

① 전제 조건 달성 → ② 목표점 설정 → ③ 실천

이것이 간부 육성의 왕도입니다.

| 그림 14 간부 육성의 왕도 |

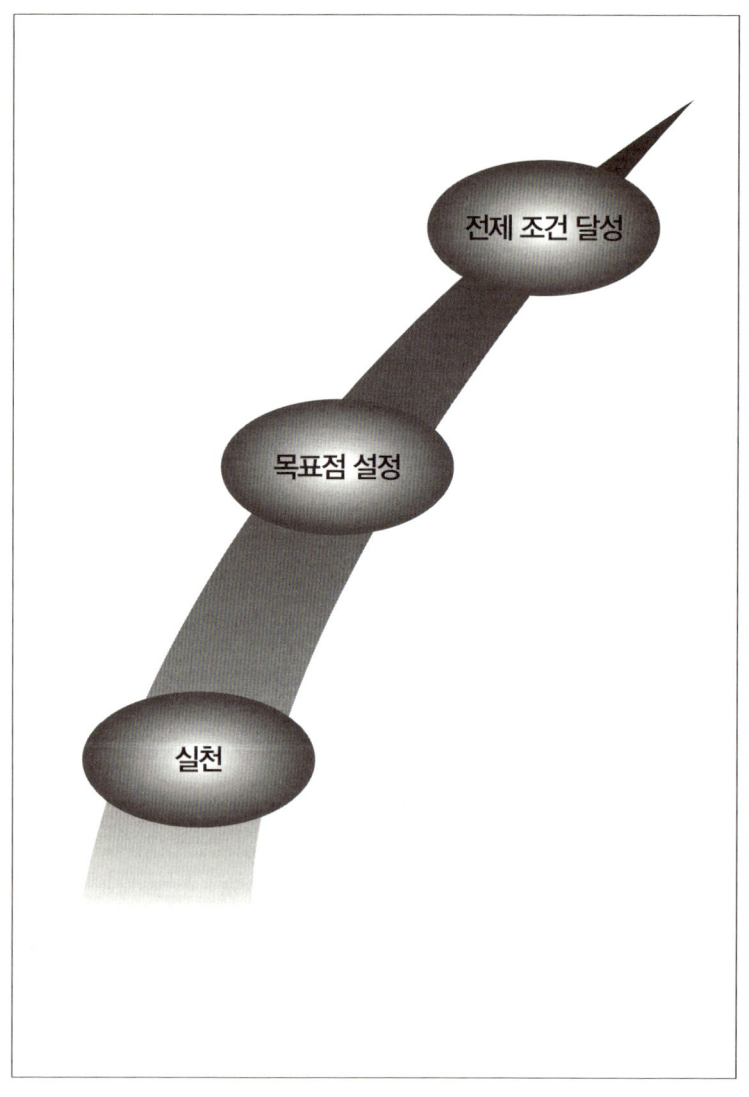

'소장님, 너무 단순하지 않을까요? 전제 조건을 달성하고 목표점을 설정해서 실천한다는 건 너무 당연한 거 아닙니까?'

네, 사장님의 지적대로 일지도 모릅니다. 하지만 의외로 이렇게 하지 못하는 사장님이 많습니다.

'네? 정말입니까? 저는 잘하고 있는데 말이죠.'

역시 사장님이시군요! 훌륭하십니다.

①의 전제 조건 달성과 ②의 목표점 설정을 자신도 모르게 잊어버리는 사장님도 있습니다.

'소장님, 만약 제가 실천하지 못하고 있다면 어떻게 해야 합니까'

그렇습니까? 그러면 지금부터는 해주십시오.

1단계인 '전제 조건 달성'은 앞서 소개한 '육성 대상인 간부가 4가지 전제 조건을 달성하고 있는지' 여부입니다. 달성하지 못하고 있다면, 아무리 육성시켜도 사장님이 기대하는 간부가 될 수 없습니다. 사장님의 스트레스만 쌓일 뿐입니다.

'음, 그건 고민 13을 통해서 알았습니다.'

같은 말을 반복해서 죄송합니다. 중요한 사항이라 한 번 더 말씀 드렸습니다.

실은 간부 이외에 하나 더 전제가 있습니다. 무엇이라고 생각하십니까?

'…… 간부 이외라……. 뭘까요? 달성하지 못하면 간부 육성이 제대로 이루어지지 않는 조건인 거죠?'

네, 그렇습니다. 간부와 마찬가지로, 이것을 달성하지 못하면 간부 육성을 논할 상황이 아닙니다.

'아! 알았습니다. 교육 과정과 프로그램 아닙니까?'

아, 그렇게 생각하셨군요. 하지만 아쉽게도 아닙니다.

'네? 아닙니까?'

힌트는 사람입니다.

'사람이요? 간부 이외의 사람이죠? 부하인가…… 아, 아니겠군요. 동료? 아, 알았습니다! 혹시 사장 아닙니까?'

네! 정답입니다. 사실은 사장님입니다.

'네? 저요? 기분이 좋지는 않네요. 저의 어떤 부분이 전제 조건입니까?'

네, '모범적인 사장의 열의, 애정, 인내'입니다. 사장이 간부의 모범이 되어, 간부가 성장하기를 진심으로 바란다. 그게 중요하지 않을까요?

'아, 그것도 그렇겠군요. 간부는 사장의 뒷모습을 보고 성장하니까, 사장의 간부 육성에 대한 열의도 중요하겠군요'

그런데 사장님, 다음의 질문에 대답해주실 수 있습니까?

'네, 좋습니다'

질문1 사장님 스스로가 그 누구보다 강하게 성장을 바라고 있습니까?

질문2 사장님 스스로가 그 누구보다 열심히 성장을 위한 노력을 계속하고 있습니까?

질문3 사장님 스스로가 그 누구보다 꾸준히 성장을 계속하고 있습니까?

질문4 사장님의 오른팔이 될 간부가 꼭 있었으면 좋겠다고 진심으로 생각하고 있습니까?

질문5 깊은 애정을 가지고 간부를 대하며, 간부의 성장을 지켜보고 있습니까?

질문6 간부가 좀처럼 생각대로 성장하지 않더라도, 잠자코 기다려주고 있습니까?

어떠십니까?

'6개 모두 YES라면요?'

오, 그러면 사장님의 전제 조건은 달성입니다. 간부 육성의 왕도의 다음 단계인 '목표점 설정'으로 갑니다.

'그런데, 소장님. 부끄럽지만 몇 개 정도 NO가 있었습니다. 제가 전제 조건을 달성하지 못했군요'

사장님, 그렇습니까? '본의 아니게 실수 → 반드시 반성'을 해주십시오. 사장님이 바뀌면, 간부도 바뀝니다.

'그렇군요. 먼저 저부터 바뀌도록 하겠습니다'

'전제 조건 달성'의 다음 단계는 '목표점 설정'인데, 이것은 앞서 사장님도 말씀하셨습니다. 간부 육성의 목표점, 즉 간부가 장래 어떻게 되었으면 좋겠는지를 명확하게 정하는 것입니다. 저는 '간부에 대한 기대'라고 부르고 있습니다. 이것은 그림 15의 '간부에게 거는 3가지 기대(체크 란 있음)'를 활용하여, 목표점을 설정하여주십시오.

① 우선 장래에 어떠한 간부가 되었으면 좋을지를 설정합니다.
② 다음으로 위의 ①을 실현하기 위하여 현 시점에 사장님이 간부에게 기대하고 있는 것을 최대 세 가지 설정합니다.

이것으로 목표점 설정은 완성입니다.
'많은 생각이 떠올랐습니다. 바로 해보겠습니다'

전제 조건을 달성하고 간부 육성의 목표점이 설정되면, 목표점을 향해 남은 것은 최종 단계인 '실천'뿐입니다. 간부 육성의 왕도로서 실천해야 하는 것이 무엇이라고 생각하십니까?

'간부 육성에서 실제로 하는 것이겠군요. 어려운 일을 주는 것이 아닐까요?'
네, 맞습니다. 곤경에 맞서고, 노력을 되풀이하고 고생을 되풀이하지 않으면 성장할 수 없습니다. 인간은 실패를 통해서만 배울 수 있다

| 그림 15 간부에게 거는 세 가지 기대(체크란 있음) |

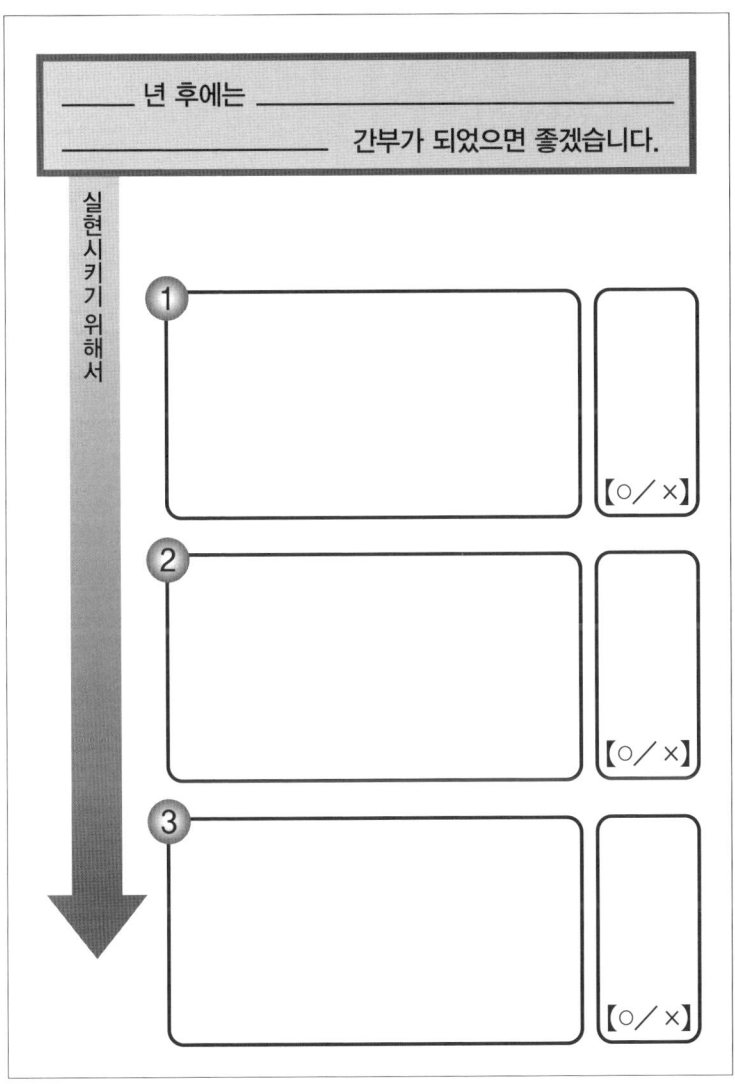

고 말합니다. 소위 말하는 '실전 경험'은 간부 육성에 대단히 중요합니다.

'실전 경험 말입니까! 확실히 그런 환경에서 간부는 성장하고, 한 꺼풀 벗는다고 할 수 있죠.'

사장님, 그야말로 한 꺼풀을 벗으면, 간부는 크게 성장하게 됩니다.

과감하게 현장을 경험하게 해서 간부를 육성시키는 것이 중요합니다. 그 밖에 실천해야 하는 것이 있습니까?

'현장경험 말고요? 음…… 글쎄요……'

사장님, 간부가 현장의 실전경험을 통해 고생을 하고, 판단이 망설여질 때, 어떻게 하면 좋겠습니까?

'그때는 저한테 상담을 하러 와야겠죠'

그렇죠, 그렇게 하는 게 당연하겠죠. 하지만 매번 사장님과 상담을 한다면 스스로 생각하는 능력이 안 생기지 않을까요?

'그건 그렇군요. 음, 모든 간부가 매번 저를 찾아온다면 저도 곤란하겠군요'

그렇습니다. 그렇다면 사장님은 간부에게 무엇을 물려주어야 할까요?

'아, 그래요! 간부가 방향을 잃었을 때의 판단 기준이군요. 그것을

물려주면 되겠어요.'

네, 사장님의 분신이 될 간부를 육성하기 위해서는 사장님의 판단 기준, 다시 말해 '사장님의 경영 철학'을 물려주는 것이 꼭 필요하지 않을까요? 경영 철학이라고 하면 조금 표현이 딱딱하니까,

저는 '사장님의 양보할 수 없는 사고방식'이라고 말하고 있습니다.

'그렇군요. 저의 양보할 수 없는 사고방식(경영 철학)을 물려주는 거군요. 그렇게만 할 수 있다면 저는 안심하고 간부에게 일을 맡길 수 있고, 간부는 스스로 판단할 수 있겠어요. 그야말로 왕도네요!'

교세라의 이나모리 명예 회장은 저서 〈사람을 활용하라〉(일본경제신문 출판사)에서 "그래도 의지할 수 있는 부하가 꼭 있었으면 좋겠다고 생각한 저는 '내가 경영을 할 수 있는 것은 경영을 함에 있어서 판단 기준이 되는 철학을 가지고 있기 때문이다. 공동경영자가 되었으면 좋겠다고 생각하는 사람에게 나의 철학을 가르치자.'라고 생각하고, 대화를 나누기 시작했습니다."라고 밀했습니다.

'이나모리 회장님도 하고 계시군요. 음, 저는 아직 가시화하지는 못했으니, 제가 양보할 수 없는 사고방식(경영 철학)을 가시화하는 것부터 시작해야겠군요'

그렇습니다. 먼저 다음 질문에 하나하나 답을 하는 과정을 통해 사장님의 생각을 정리하고 종합해 주십시오.

① 사장님이 경영을 하는 데 있어 양보할 수 없는 이상과 철학은 무엇입니까?

② 사장님이 리더십을 발휘하거나 관리를 하는 데 있어 양보할 수 없는 이상과 철학은 무엇입니까?

③ 사장님이 업무를 해 나가는 데 있어 양보할 수 없는 이상과 철학은 무엇입니까?

④ 사장님이 인격을 함양하고, 사람의 됨됨이를 좋게 만들기 위하여 중요하게 생각하고 있는 이상과 철학은 무엇입니까?

⑤ 사장님이 가지고 있는 사람에 대한 올바른 인식은 무엇입니까?

'네? 이걸 전부 답하라고요?'

아니요. 경영이념이나 행동지침 · 경영방침처럼 이미 명문화되어 있는 것은 대답하지 않아도 됩니다. 다만 간부 육성에 활용하려고 하는 사고방식이므로, ③ 이외의 질문은 반드시 사장님의 생각을 정리하여 가시화해 주십시오.

'완성된 결과물은 어떻게 활용합니까?'

사장님이라면 어떻게 하시겠습니까?

'글쎄요. 이것을 교재로 간부 연수나 합숙을 하고 싶습니다'

좋은 방법이네요! 그것이 바로 왕도입니다. 연수나 합숙 외에도 간부와의 개별 면담이나 회식, 간부회 등 언제라도 사장님이 간부에게 말을 해서 침투. 실천시킵니다.

　마지막 단계인 '실천'의 구체적인 과정으로 '실전 경험', '사장님의 양보할 수 없는 사고방식 계승'을 소개했습니다. 이러한 활동을 통해서 사장님이 설정한 간부에게 거는 기대를 어디까지 실현시킬 수 있을지를 그림 15의 '간부에게 거는 세 가지 기대(체크란 있음)'를 활용하여, 사장님과 간부가 정기적으로 체크합니다. 이것이 세 번째 시책입니다.

　'기대 실현 정도를 체크하면 최종적인 마무리가 되겠군요?'

　지금까지 간부 육성의 왕도인 '① **전제 조건 달성 → ② 목표점 설정 → ③ 실천**'을 소개했습니다. 현재, 사장님이 실천하고 있는 간부 육성과 비교해 보시고, 차이가 있다면 개선해보는 것이 어떻겠습니까?

해법

❶ 간부 육성에도 왕도는 있다. '전제 조건 달성 → 목표점 설정 → 실천'의 3단계.

❷ '전제 조건 달성'은 다음에 제시하는 두 가지 전제 조건을 달성하는 것이다.
Ⓐ 간부가 네 가지 전제 조건을 달성한다.
　• 조건 1 사장의 양보할 수 없는 이상과 철학에 동의하고 있다.
　• 조건 2 간부로서 최고의 열의가 있다.
　• 조건 3 부문별로 성과를 낸 실적이 있다.

해법

　• 조건 4 부하에게 신뢰를 잃을 언행을 하지 않는다.

Ⓑ 사장이 여섯 가지 전제 조건을 달성해야 한다.

　• 조건 1 그 누구보다도 강하게 성장을 계속 바라고 있다.

　• 조건 2 그 누구보다고 열심히 성장을 위한 노력을 계속하고 있다.

　• 조건 3 그 누구보다도 꾸준히 성장을 계속하고 있다.

　• 조건 4 사장의 오른팔이 될 간부가 꼭 있으면 좋겠다고 진심으로 생각하고 있다.

　• 조건 5 깊은 애정을 가지고 간부를 대하며, 간부의 성장을 지켜보고 있다.

　• 조건 6 간부가 좀처럼 생각하는 대로 성장하지 않더라도, 묵묵히 기다려 준다.

❸ '목표점 설정'은 사장이 간부에 대한 기대를 가시화하는 것이다.

Ⓐ 그림 15의 '간부에게 거는 세 가지 기대(체크란 있음)'를 활용하여, 앞으로 어떤 간부가 되었으면 좋은지를 설정한다.

Ⓑ 위의 Ⓐ을 실현시키기 위한 현시점에 기대하고 있는 것을 최대 세 가지 설정한다.

❹ '실천'은 위의 Ⓒ의 '목표점'을 달성하기 위해, 다음의 세 가지를 실천해 나간다.

Ⓐ 현장 실전 경험

Ⓑ 사장의 양보할 수 없는 사고방식(경영 철학) 전승

Ⓒ 그림 15의 '간부에게 거는 세 가지 기대(체크 란 있음)'를 활용하여 '사장의 간부에 대한 기대' 실현 정도를 체크 함.

간부연수는
과연 도움이 되는가?

사장님은 도움이 된다고 생각하십니까?

'별로 도움이 되지 않는다고 생각합니다'

그렇군요. 왜 그렇게 생각하십니까?

'우리 간부에게도 외부 간부연수에 참가시킨 적이 있는데 참가 직후에는 좋아졌다가, 곧바로 원래 상태로 돌아가버려요.'

원래 상태로 돌아간다는 이야기는 저도 자주 듣습니다. 그러면 안되겠죠.

'그런 것 말고도, 참가했던 간부가 연수 따위는 의미가 없다고 말하기도 합니다.'

그렇습니까? 실은 저도 간부연수만으로는 거의 효과가 없다고 생각하고 있습니다.

'어! 소장님이 그런 말을 해도 됩니까? 소장님도 외부 연수의 강사 일을 하고 있잖아요?'

네, 저는 25년 동안 수 천 번을 넘게 강의를 해왔습니다. 그럼에도 불구하고 그렇게 생각하고 있습니다. 특히 간부연수에 보내면 간부가 성장할 것이라고 믿고 계신 사장님에게는 절대로 그러지 마시라고 진언하고 있습니다.

'아, 그렇습니까? 제 생각과 같군요. 그러면 간부연수는 필요 없는 겁니까?'

외부의 간부연수만 가지고 성장시키겠다는 목적이라면 필요 없을지도 모릅니다. 그러나 어떤 요건을 충족한다면 도움이 될 수도 있습니다. 사장님, 무엇이라고 생각하십니까?

'음, 글쎄요? 혹시 내가 강사가 된다거나?'

그렇게 생각하셨군요. 맞습니다. 사장님이 강사가 되어, 고민 14에서 소개한 사장님의 양보할 수 없는 사고방식을 가시화한 교재를 사용하여 사장님이 간부에게 전승하는 연수라면 효과가 있습니다. 또 다른 것도 있습니까?

'다른 것이요? 일에 직결된 내용일 것?'

그렇습니다! 정답입니다.

간부 연수가 도움이 되는 **요건 (1)**은 '연수를 업무에 포함시킨다'입니다. 연수가 실패하는 것은 주객이 전도되어 있기 때문입니다. 연수가 주가 아니라, 어디까지나 업무가 주가 되어야 합니다.

예를 들어, 수많은 간부들이 '부하가 의욕적이지 않아서 성과가 오르지 않는다'는 고민을 가지고 있다고 합시다. 이러한 상황에서 반나 절이나 하루에 걸쳐 다음과 같은 연수를 합니다.

[4명에서 6명을 1조로 하는 그룹 토론 형식의 사내 연수]

① 그룹 멤버 전원이 현재 부하들이 의욕을 느끼지 못하고 있다는 상황을 공유한다.

② "왜 부하가 의욕을 느끼지 못하는가"를 멤버 전원이 생각해서 발표하고, 의견을 교환하여, 그룹의 의견을 정리한다. 그 다음, 그룹별로 발표하고 전원이 의견을 교환하여, 전체 의견을 정리한다.

③ 위의 ②에서 나온 원인에 입각하여, '어떻게 하면 의욕을 가지게 되고 성과를 낼 수 있는지'를 ②와 동일한 순서로 실시한다.

④ 마지막으로 사장 또는 대표이사가 총괄한다.

⑤ 그룹별로 후속 연수 일정(1개월 이내)을 정한다.

⑥ 후속 연수를 실시하여, 위의 ③에서 나온 사안을 평가한다. 효과가 있었던 정책은 모두 함께 실시하고, 그렇지 못한 정책은 개선안을 생각하여 결정한다(필요하다면, 다시 한 번 후속 연수를 실시한다).

'그렇군요. 그런데 그게 연수인가요?'

사장님, 연수가 맞습니다. 원래 이런 때에는 간부 한 명이 알아서 '부하가 의욕적이지 않아서 성과가 오르지 않는다'는 고민을 해결하면 됩니다. 혼자서 해결할 수 없는 경우, 이러한 연수(동료에게 부탁하는 과제 해결 컨설팅)가 효과적입니다. 이것이 연수인지 아닌지 여부는 크게 중요하지 않으며, 중요한 것은 간부의 구체적인 과제 해결이 주요 목표라는 것입니다.

'그렇군요, 간부가 안고 있는 과제를 해결하는 것이 중요하죠. 이런 연수(라고 불러도 되는지 모르겠지만)라면 도움이 되겠군요'

네, 총괄하는 분을 두고 토요일 오전 같은 시간을 이용하여 사내에서 실시하면, 강사·교재도 필요가 없고, 외부에 지불해야 하는 비용도 전혀 없습니다.

앞서 사장님이 강사가 되는 경영 철학을 계승하는 연수도 사장님의 경영이나 관리 상의 판단 기준을 간부에게 전승한다는 중요한 업무의 일환이기 때문에 효과가 나는 것입니다.

그러나, "우리 회사의 간부는 지금까지 매니지먼트를 배운 적이 없기 때문에 매니지먼트 연수를 받게 하겠다" 혹은 "간부에게는 코칭이 필요하기 때문에 코칭 연수를 받게 하겠다"는 등의 이유에서 실시하는 연수는 도움이 되지 않습니다. "좋은 이야기를 들었다!"라는 정도로 끝나버리고, 곧바로 원래 상태로 돌아가버리게 됩니다.

그러면, 여기에서 도움이 되는 간부 연수를 만들기 위한 다른 요건도 소개하겠습니다.

요건 (2) 참가자를 제한한다.

요건 (3) 사전에 후속 계획을 세운다.

요건 (4) 부하들이 느낀 점을 연수 내용에 포함시킨다.

'소장님, **요건 (2)**의 〈참가자를 제한한다〉는 것은 효과가 있을 것 같은 간부만 연수를 받게 한다는 것입니까?'

그렇게 생각할 수도 있겠습니다만, 꼭 그런 것은 아닙니다.

사장님은 뭐라고 생각합니까? 제가 설정한 참가자의 조건은 단 하나입니다.

'뭘까……. 알았습니다. 저의 양보할 수 없는 이상과 철학에 동의하는 것 아닙니까?'

정답입니다. 이 책에서 몇 번이고 말씀 드렸습니다만, 저는 그것이 본질이라고 생각하고 있습니다.

사장님의 양보할 수 없는 이상과 철학에 동의하고 있지 않은 간부는 아마도 사장님을 좋아하지 않을 것입니다. 당연히 회사도 좋아하지 않을 것입니다. 그런 간부가 진심으로 회사를 좋게 만들고 싶다고 생각할 리가 없습니다. 회사가 시간과 돈을 들여 육성할 대상이 아닙니다.

'소장님, 그게 본질일수도 있겠군요. 저를 좋아하지 않는 간부가 회사를 좋게 만들기 위해 필사적으로 일할 리가 없겠지요. 누구를 연수에 참가시키는가 하는 것은 정말로 중요한 문제네요'

네, 사장님, 그렇습니다. 사장님의 양보할 수 없는 이상과 철학에 동의하고 있지 않은 간부는 모든 간부가 과제 해결에 몰두하고 있는 연수 중에도 부정적인 발언을 하여 주위 사람들을 흔들어 놓거나, 적극적으로 발언을 하지 않는 등, 결과적으로 모든 사람을 방해하게 될 수 있습니다. 참가자를 제한하는 것은 효과를 낼 수 있는 간부 연수의 전제 조건입니다.

'**요건 (3)**의 〈사전에 후속 계획을 세운다〉가 마음에 드네요'

곧바로 원래 상태로 돌아가버리는 원인 중 하나는 업무에 직결되지 않는 연수이기 때문에 금세 잊어버리고, 또한 배운 것을 실천할 방법이 없기 때문입니다. 이 원인은 **요건 (1)**로 해결합니다.

또 하나의 원인은 배운 것을 실천하려고 했지만 그럴 수 없었다는 데 있습니다. 또는 한번 해보았지만 효과가 없어서 그만두었을 수도 있습니다. **요건 (3)**은 이 원인을 해결하기 위한 방책입니다.

'그렇군요. 하지만 사전에 계획하더라도 모두가 바빠서 결과적으로 모이지 못하고, 결국 흐지부지 사라져버리는 경우가 많지 않을까요?'

역시 사장님은 예리하시군요. 연수를 너무 자주 하면 중요도가 낮아져서 사람들이 모이지 않게 됩니다. 그런 상황에서 사장님이 따로 챙기지 않으면 사람들이 흐지부지 사라져버리는 것이 흔히 있는 패턴입니다.

요건 (3)의 시책을 성공시키는 비결은 별도로 후속 연수를 실시하는 것이 아니라, 다른 것을 '하는 김에 겸하여 하는' 것입니다. 추천할 만한 방법으로 '점심 미팅'이 있는데 식사를 '하는 김에 하는' 것입니다. 간부라 할지라도 바빠서 점심을 안 먹는 일은 없으므로, 점심 시간을 활용하여 후속 연수를 실시하는 것입니다.

여기에서 성공 사례를 하나 소개하겠습니다. 간부에게 연수를 통보할 때는, 다음과 같이 전달합니다.

① **간부 연수** (3월 6일)

② **후속 연수** (①연수 다음날: 3월 7일 점심 미팅)

전날 연수에 참가했던 간부끼리 점심을 먹으면서 연수에 대한 감상을 말하고, 그날 오후부터 무엇을 실천할지를 발표합니다.

③ **후속 연수** (②로부터 한달 후: 4월 7일 점심 미팅)

점심을 먹으면서 한달 동안 실천한 결과를 발표하여 전원이 공유합니다. 효과가 있었던 시책은 모두 함께 실천합니다.

'아, 그런 내용까지 알리는 거군요'

네, 일정을 사전에 확보할 수 있고, 점심 미팅이라면 업무에도 지장을 주지 않습니다. 회사에서 도시락을 지급한다면 간부들도 귀찮아하지 않고 참석할 것입니다. 업무 사정으로 점심 미팅을 실시할 수 없는 회사는 간부 회의 시간 중 30분을 활용하여 실시해주십시오. 이것도 간부회를 '하는 김에 겸하여 하는' 것입니다.

'그렇군요. 다음 연수 때부터 해보겠습니다. 그런데 **요건 (4)**의 "부하들이 느낀 점을 연수 내용에 포함시킨다"는 어떤 것을 하는 건가요?'

간부 연수 전에 상사인 간부의 매니지먼트와 관련된 내용을 그 부하들이 평가하게 하고, 그 결과를 간부 연수에서 간부들에게 알려줍니다. 사전에 실시한 간부들의 자기 평가와 부하들의 평가 사이의 차이에 입각하여 연수를 진행해 나아갑니다.

'네? 왜 그런 걸 하는 거죠?'

상사의 어떠한 언행을 보고 부하들이 상사를 상사로서 적합하다고 생각하는지, 또는 그렇지 않다고 생각하는지 상사인 간부가 알아야 하기 때문입니다.

'부하들의 평가라면, 인사 평가 때 하는 게 좋지 않습니까?'

그렇게 생각할 수도 있습니다. 단, 인사평가제도에 부하의 평가를 도입할 경우, 부하가 솔직한 마음을 적지 않거나, 상사가 부하에게 잘 보이려고 하거나, 상사가 자신을 안 좋게 평가한 부하에게 원한을 품고 복수를 하는 등의 단점도 있습니다. 간부 연수에 부하들의 설문조사를 포함시키는 것은 인사 평가가 아니기 때문에 부정적인 면보다 효과가 더 큽니다. 되도록이면 보고 싶지 않은 부하들의 평가를 간부 전원이 동시에 보는 것도 연수만이 가질 수 있는 효과입니다.

간부가 부하와의 신뢰 관계를 잃을만한 언행을 하고 있을 경우에는 시급한 개선이 필요합니다. 의외로 실태를 알아차리지 못하는 사장님과 간부가 많지 않을까요? 상사에 대한 부하 전원의 평가를 파악하는 것이 중요하지만 실시하는 것이 쉽지 않기 때문에 간부 연수라는 기회를 통하여 부하들의 설문조사 결과를 수렴하는 것입니다.

'그건 그러네요. 제가 부하 전원에게 간부의 평가를 물을 수는 없으니까요. 간부 연수를 계기로 삼는 것도 하나의 아이디어겠군요'

네. 제 경험으로도 간부 연수내용 중의 부하들의 설문 조사는 효과를 거두고 있습니다. 부하의 의견이 간부들의 기쁨으로 이어지고, 긍정적인 차이점이 간부의 자신감으로 이어지거나, 부하들로부터 배운 것들이 성장의 계기가 되는 등, 간부에게는 유익한 정보가 되고 있는 것 같습니다. 물론 이미 인사평가제도에서 부하의 평가를 도입하고 있는 경우에는 간부 연수내용 안에 부하들의 설문조사를 넣을 필요는 없습니다.

해법

❶ 간부 연수는 별로 도움이 되지 않는다.

❷ '좋은 이야기를 들었다!'로 끝나버리고, 연수 참가 후, 곧 바로 원래 상태로 돌아가버리는 경우가 많다.

❸ 단, 다음 ❹~❼의 4가지 요건을 충족하고 있다면, 도움이 된다.

❹ 참가자를 제한한다.
　Ⓐ 사장의 양보할 수 없는 이상과 철학에 동조하고 있는 간부만 연수에 참가시킨다.
　Ⓑ 사장의 양보할 수 없는 이상과 철학에 동조하고 있지 않은 간부는 진심으로 회사를 좋게 만들고 싶다고 생각하지 않는다.

ⓒ 그러한 간부에게 연수는 필요 없다.

해법

❺ 연수를 업무에 포함시킨다.

Ⓐ 간부가 현재 가지고 있는 구체적인 과제를 해결하기 위해 연수를 실시한다.

Ⓑ 구체적인 연수 사례는 다음과 같다.

• 간부가 모여 공통의 매니지먼트 과제를 해결하기 위한 의견 교환

• 사장이 강사가 되어, 간부에게 사장의 양보할 수 없는 사고방식(경영 철학)을 전승

❻ 사전에 후속 계획을 세운다.

Ⓐ 연수에서 배운 것을 실천하고, 활용해 나가기 위하여, 연수 참가 전에 후속 연수일정을 정해둔다.

Ⓑ 바쁜 간부를 몇 번씩 반복되는 후속 연수에 참가시키기 위하여, '하는 김에 겸해서 한다'는 발상으로 다음과 같은 방법을 사용한다.

• 연수 다음 날, 한 달 후에 점심 미팅을 통하여 후속 연수를 실시한다(점심 식사를 하는 김에 겸해서).

• 간부 회의 중 30분을 후속 연수에 사용한다(회의 하는 김에 겸해서).

❼ 부하들이 느낀 점을 연수 내용에 포함시킨다.

Ⓐ 간부 연수 전에 부하들의 상사에 대한 평가를 실시하고, 그 결과를 간부 연수에서 알려준다.

Ⓑ 자기 평가와 부하 평가의 차이에 입각하여, 연수를 진행해 나아간다.

ⓒ 긍정적인 차이점이 간부에게 자신감을 주고, 새로운 깨달음이 간부들의 성장 계기가 됩니다.

제4장

간부 등용과
중도 채용은
어떻게 해야 하는가?

어떤 사람을
간부로 삼아야 하는가?

사장님은 어떤 사람을 간부로 삼고 싶습니까?

…… (잠시 숙고)

'글쎄요, 우선은 성과를 보겠습니다. 성과를 낼 능력이 있고, 부하를 육성시킬 수 있고, 부하로부터 신망이 있으면서, 저와 눈높이가 같은 사람, 그런 사람을 간부로 삼고 싶습니다'

그렇군요. 하나하나가 다 대단한 요건이군요. 저는 사장님의 회사 간부가 될 수 없겠습니다.

'네? 소장님도 될 수 없다고요? 기준이 너무 높은가요? 네 가지를 모두 통과할 수 있는 사람은 별로 많지 않을지도 모르겠군요.'

그러네요, 좀처럼 없을지도 모르겠습니다. 그러면 간부로 등용하는 조건을 정하기 전에, 간부 후보가 될 수 있는 전제 조건을 만들어보는 것은 어떻습니까?

'아, 그 간부의 전제 조건이라는 것이군요. 아까 나왔었죠?'

네, 고민 13에서 4가지 간부의 전제 조건을 소개했습니다. 그런 조건을 3~5개 정도 만듭니다.

'그렇군요, 거기부터 하는 것이 좋겠군요'

전제 조건을 통과한 사람 중에서 간부로 등용할 사람을 정하게 되는데, 사장님은 무엇을 중시하겠습니까?

'역시 성과를 중심으로 생각하고 싶습니다.'

그렇습니까? 분명 성과를 내는 능력은 중요합니다. 다만 다음의 세 가지에 유의할 필요가 있습니다.

'세 가지요? 어떤 건가요?'

① 자기 부문뿐만 아니라 다른 부문의 성과에 공헌할 의욕과 능력이 있는가?

② 당기의 성과뿐만 아니라 장래에도 계속적으로 성과를 낼 가능성과 능력이 있는가?

③ 성과를 올리고 있기 때문에 간부로 삼는 것이 아니라, 신망이 높은 사람을 간부로 삼는다.

'다른 부문에 대한 공헌과 장래의 성과는 간부가 될 사람에게 필요한 것 같아요. 신망은 당연히 봅니다.'

꼭 그렇게 해주십시오.

여기에서 공자의 3단계 인물관찰법을 소개하겠습니다. 〈논어를 읽

는 법/ 시부사와 에이이치 (미카사 쇼보)〉

(본다, 살펴본다, 관찰한다 라는 세 가지를 통하여 감별해야 합니다)

① **첫 번째로, 그 사람의 외면에 나타난 행위의 선악정사**(주: 선과 악, 옳고 그름)**를 본다.**

② **두 번째로, 그 사람이 그 행위를 한 동기가 무엇인지를 잘 살펴본다.**

③ **세 번째로, 한 발 더 나아가 그 사람이 어떤 행동을 통하여 안정을 찾는 지, 그 사람은 무엇에 만족하며 살고 있는지를 관찰한다.**

'그렇군요. 역시 공자네요. 행위가 올바르고 동기가 올바르더라도, 안심하거나 만족하는 부분이 올바르지 않은 사람이라면, 정말로 올바른 사람인지 알 수 없다는 말이군요.'

그렇습니다. 간부가 되어 회사에 공헌하고 싶다는 동기가 좋아도 본인이 만족을 느끼는 것이 돈과 사치에 있다면, 부하의 성장 같은 것은 진지하게 생각하지 않을 가능성이 있다고 보는 관점입니다.

'지금까지 동기는 봤지만, 어떤 것에서 만족감을 얻는 사람인지는 보지 않았어요. 간부 등용 때 참고가 되겠네요.'

그런 의미에서 사장님의 회사가 '무엇을 위해 존재하는가'라는 기업 이념에 간부가 동조하고, 실천하고 있는가 하는 점은 매우 중요합니다. 회사의 존재 의의인 기업 이념을 구현하는 것이 자신의 만족으로 이어지는 인물이라면 회사의 간부로 적합합니다.

마지막으로 위대한 경영자는 무엇을 생각하고 어떤 사람을 간부로 삼았는지, 마쓰시타 고노스케와 이나모리 명예 회장이 말하는 간부의 요건을 통해 소개하겠습니다. 참고해 주십시오.

- 마쓰시타 고노스케의 지도자의 102가지 조건 (그림 16)

  〈지도자의 조건〉(PHP 연구소)

- 교세라의 이나모리 명예 회장의 리더의 역할 10개 조항(그림17)

  〈사람을 활용하라〉(일본경제신문사)

| 그림 16 마쓰시타 고노스케의 지도자의 102가지 조건 |

- 있는 그대로를 인정한다
- 할 말을 한다
- 지도자로서의 공적인 분노를 가지고 있다
- 차별금지
- 사즉생
- 절박한 마음 가짐
- 호소력 증대
- 냉정함 유지
- 각오를 단단히 한다
- 가치 판단
- 과당경쟁을 배제한다
- 관엄자재(寬嚴自在) - 엄격하나 인자함
- 능력을 갖는다
- 간언을 듣는다
- 감사한다
- 감각을 키운다
- 기백을 가진다
- 자신에 엄격함
- 결의를 다진다
- 권위의 활용
- 책임감
- 겸손함
- 권한 위임
- 식견제고
- 공평함
- 공명정대
- 뜻을 세움
- 긴장감 유지
- 두려움을 안다
- 마지막까지 포기하지 않는다
- 자주성을 이끌어 낸다
- 사심을 버린다
- 지도 이념 숙지
- 자신을 안다
- 사명감을 가진다
- 자문자답

- 중지를 모은다
- 출처진퇴(出處進退)
- 작은 일도 중요하게
- 인자한 마음
- 신상필벌
- 다양한 능력 쌓기
- 인내심
- 신용을 쌓는다
- 신뢰한다
- 친화력을 높인다
- 가용자원을 모두 활용한다
- 성실함
- 책임감을 갖는다
- 세상의 이치를 따른다
- 설득력
- 여론을 뛰어 넘는다
- 선견지명
- 선우후락(先憂後樂)
- 결단력
- 솔선수범
- 대의명분
- 대소 분별
- 통솔력
- 리더십을 갖는다
- 넓고 큰 관점에 선다
- 올바른 신념 갖기
- 댐식 경영(여유자원 가짐)
- 조화공영
- 소속감
- 적재적소
- 적에게 배운다
- 모든 일은 공의에 입각
- 천지자연의 이치
- 천명을 안다
- 덕을 쌓음
- 독립심
- 얽매이지 않는다
- 부단한 노력
- 미래 예시능력

- 꿈을 이룬다
- 인간관을 가진다
- 사람의 마음을 헤아릴 줄 안다
- 열의를 가진다
- 사람을 끌어당기는 힘
- 사람을 조합하는 능력을 갖는다
- 사람을 단련한다
- 인재육성
- 적절한 인재등용
- 눈을 보고 대화한다
- 사람을 구한다
- 일신 우 일신
- 넓은 시야를 갖는다
- 불굴의 정신
- 방침을 제시한다
- 포용력을 갖는다
- 칭찬한다
- 신뢰감을 갖는다
- 사고의 유연성 갖기
- 스스로 격려한다
- 싸우지 않고 책략으로 이긴다
- 엄격명령
- 목표를 준다
- 특성을 살린다
- 용기를 가진다
- 난세를 잊지 않는다
- 이치 밖의 이치를 숙고한다
- 다시 한번 겸허와 감사

● 간부에게도 말할수 없는 사장의 고민 해결

| 그림 17 이나모리 명예 회장의 리더의 역할 10개 조항 |

1　사업의 목적과 의의를 명확히 하여, 부하에게 지시한다.

2　구체적인 목표를 게시하여, 부하를 끌어들이며 계획을 세운다.

3　강한 염원을 마음에 담는다.

4　누구에게도 지지 않는 노력을 한다.

5　강한 의지를 가진다.

6　훌륭한 품격을 갖는다.

7　어떠한 어려움을 만나더라도 결코 포기하지 않는다.

8　부하에게 애정을 가지고 대한다.

9　부하에게 계속해서 동기를 부여한다.

10　언제나 창조적이어야 한다.

해법

❶ 간부의 등용 조건을 설정하기 전에, 간부 후보자가 될 수 있는 전제 조건을 만든다. (전제 조건의 참고 사례는 고민 13 참조)

❷ 간부의 전제 조건을 통과한 사람 중에서 사장이 간부로 삼고 싶은 사람을 간부로 삼는다.

❸ 성과를 내는 능력을 중시하여 간부로 등용하더라도 다음의 세 가지에 유의한다.

   Ⓐ 자기 부문뿐만 아니라 다른 부문의 성과에 공헌할 의욕과 능력이 있는가?

   Ⓑ 당기의 성과뿐만 아니라 장래에도 계속적으로 성과를 낼 가능성과 능력이 있는가?

   Ⓒ 성과를 올리고 있기 때문에 간부로 삼는 것이 아니라, 덕이 높은 사람을 간부로 삼는다.

❹ 마쓰시타 고노스케의 지도자의 102가지 조건과 이나모리 명예 회장의 리더의 역할 10개 조항도 참고한다.

• 간부에게도 말할 수 없는 사장의 고민 해결

어떤 사람을
이사로 삼아야 하는가?

사장님은 어떤 사람을 이사로 삼고 싶습니까?

'쉽게 결정할 수 없어요. 이사의 경우는 간부 등용보다 더 고민스럽습니다.'

그렇습니다. 저도 전직 사장일 때, 누구를 이사로 해야 할지 상당히 고민했습니다.

'아, 소장님도 고민했었군요? 음, 그렇겠네요. 자신의 선정이 틀렸다고 해서 바로 퇴임시킬 수는 없으니까요.'

맞습니다. 위대한 경영자 중 한 사람인 세콤의 창업자 이이다 마코토의 저서 〈경영의 실제 (주케이 출판)〉에서 "저도 오랜 경영 경험 속에서 그 밑에 있는 부하가 불쌍해지는 일이 생기지 않기를 바라며 임원을 뽑아왔습니다만, 때로는 실패한 적도 있었습니다. 그 밑의 사원에게는 고생 시킨 점을 사과하고 싶습니다"라고 말했습니다.

'네? 세콤의 창시자인 이이다 마코토 씨도 실패한 적이 있었군요.

이사 선정은 그렇게 어려운 건가 봅니다.'

그렇습니다, 사장님. 그렇기 때문에 이런 사람은 이사로 삼지 않는다는 전제 조건만은 분명히 정해두는 것이 좋습니다.

'음, 그렇군요.'

참고로 어떤 전제 조건을 들 수 있습니까?

저는 다음의 여섯 가지를 전제 조건으로 하고 있습니다.

① **사장의 양보할 수 없는 이상과 철학에 누구보다도 동의하고 실천하고 있다.**

  -사장님의 소중한 사고방식에 대한 동의와 실천은 대전제입니다.

② **사장과 다른 이사들과의 사이에 굳건한 신뢰 관계가 있다.**

  -경영진 간의 신뢰 관계가 없다면, 회사는 반드시 이상한 방향으로 갑니다.

③ **경영에 대한 열의가 누구보다 강하다.**

  -경영에 대한 열의가 없는 사람이 이사가 되면, 부하 모두가 의욕을 잃게 됩니다.

④ **사원을 위해서 목숨을 바칠 각오가 있다.**

  -사원을 위해 죽을 수 있다는 각오를 가지고 있는 것이 경영진의 일원인 이사로서의 당연한 모습이 아닐까요?

⑤ **회사의 차기 이후의 성장에 공헌할 수 있다.**

  -당기는 사장과 이사 이외의 사람들끼리 성과를 올리는 것이 이

상적입니다. 차기 이후의 성과는 이사의 책임입니다.

⑥ **사원으로부터의 신망이 있다.**

　-사원이 따라오지 않는 사람은 이사가 되면 안 됩니다. 이사에게 신망이 없다면, 다른 간부도 신망을 얻기 위한 노력을 하지 않을 것입니다.

'그렇군요. 회사를 위해 죽을 수 있다……. 당기가 아닌 차기의 성과……. 이사라면 당연한 일이군요. 신망은 저도 필요하다고 생각합니다만, 성과와 신망 두 가지를 모두 충족시키는 사람은 흔하지 않습니다. 그런데 전제 조건을 만든 다음에는 어떻게 해야 합니까?'

네, 여기부터가 가장 중요합니다. 전제 조건을 통과한 사람 중에서 이사를 뽑는데, 사장님이 이사를 선정할 때의 포인트를 일곱 가지 소개하겠습니다. 하나씩 체크하면서 사장님의 생각을 정리해주십시오.

① [과거의 실적] 지금까지의 업무 실적·공헌을 어떻게 볼 것인가?

　→ 과거 5년간은 본다 / 보지 않는다

② [사장에게 제안하는 능력] 사장에게 NO라고 말할 수 있는지, 사장에게 의견제안을 할 수 있는지를 넣을 것인가?

　→ 넣는다 / 넣지 않는다

③ [시점·자세] 사장과 같은 관점인지, 매일 회사 일을 생각하고 있는지를 넣을 것인가?

→ 넣는다 / 넣지 않는다

④ [리더십] 구심력을 가지고 회사를 이끌어가는 리더는 몇 명 필요한가?

　　→ 사장 하나면 충분하다 / 사장 외에 몇 명 필요하다

⑤ [No. 1인 강점] 누구에게도 지지 않는 No. 1인 강점을 가지고 있다는 것을 넣을 것인가?

　　→ 넣는다 / 넣지 않는다

⑥ [공통적인 능력] 모든 임원에게 공통적으로 필요한 능력을 넣을 것인가?

　　(예: 회사 전체의 본질적인 과제 발견 · 해결 능력, 회사 전체적인 경영 전략 입안 · 실행력)

　　→ 넣는다 / 넣지 않는다

⑦ [성격] 성격을 넣을 것인가? (예: 명랑함, 애교가 있음)

　　→ 넣는다 / 넣지 않는다

해법

❶ 이사 등용 조건을 설정하기 전에, 이사 후보자가 될 수 있는 전제 조건을 설정하는 것이 어떤가?

Ⓐ 사장의 양보할 수 없는 이상과 철학에 누구보다도 동의하고 실천하고 있다.

Ⓑ 사장과 다른 이사들과의 사이에 굳건한 신뢰 관계가 있다.

해법

ⓒ 경영에 대한 열의가 누구보다 강하다.
ⓓ 사원을 위해서 목숨을 바칠 각오가 있다.
ⓕ 회사의 차기 이후의 성장에 공헌할 수 있다.
ⓖ 사원으로부터의 신망이 있다.

❷ 이사의 전제 조건을 통과한 사람 중에서 사장이 이사로 삼고 싶은 사람을 이사로 삼는다.

❸ 이사를 뽑을 때, 다음의 항목을 고려하는 것이 어떤가?
과거의 실적, 사장에게 제안하는 능력, 시점ㆍ자세, 리더십, No. 1인 강점, 공통적인 능력, 성격

간부의 중도 채용 여부에 대해 고민하고 있다.

사장님, 왜 고민하고 계십니까?

'…… 음, 간부의 중도 채용은 장점도 있지만, 단점도 있기 때문에 고민이 됩니다.'

그렇군요. 어떤 단점이 있습니까?

'사원들의 의욕을 저하시키지 않을까요? 간부들도 자기보다 우수한 사람이 오면 싫어할 거고……'

일을 잘하는 사원들의 의욕은 분명히 저하될 수 있습니다. '열심히 노력해서 회사에 공헌해도, 나는 간부가 될 수 없는 것인가?'라고 생각하게 됩니다. 심해지면 '사장님은 우리들의 실적이나 공헌을 전혀 평가해주지 않는다!'라며 사장님에 대해 불신감을 가지거나, 회사에 대한 충성도가 낮아지게 됩니다.

'맞아요. 최악의 경우에는 그렇게 될 거예요.'

간부들도 자기보다 우수한 사람이 들어오는 건 환영하지 않을 것이고, 그 사람 밑으로 들어가는 것도 싫겠죠.

'간부들도 그렇겠군요'

사장님, 그렇다면 간부들의 중도 채용은 그만 두시고, 사내에서 인재를 키워서 간부로 만드는 편이 좋지 않을까요?

'역시 그렇게 하는 편이 좋을까요? 그런데 간부가 성장할 때까지 시간이 너무 오래 걸려요. 단점을 없앨 수 있는 방법은 없을까요?'

네, 딱 한 가지 있습니다.

먼저 사장님이 사원과 간부들에게 '새로 간부를 중도 채용하려고 하는 이유'를 차분하게 설명합니다. 그 다음에 '회사의 발전을 위하여 우수한 인재를 데려올 경우, 그 사람이 여러분의 상사가 될 수도 있다'는 점을 전하고 찬성인지 반대인지를 묻습니다. 사원과 간부들이 "사장님, 회사가 좋아지기 위해서라면 그런 우수한 분이 저희 상사가 되어도 괜찮습니다"라고 말해준다면 난섬은 없어지게 됩니다.

'네? 그렇게까지 해야 해요? 쉽지 않은 일이군요!'

이것은 교세라의 이나모리 명예 회장이 중소기업 시절에 실제로 사용했던 방법입니다〈실천 경영 문답(PHP)〉.

'이나모리 명예 회장은 그렇게까지 했군요! 대단하네요. 그래서 교세라가 그렇게 크게 성장한 거군요?'

그렇습니다. "사장님이 스카우트한 사람이 와도 좋습니다"라고 말한 교세라의 당시 간부들은 정신 구조가 선하고, 도량이 있는 사람들이었기 때문에, 노력을 아끼지 않고 능력을 향상시켜 나아갔습니다. 나중에 들어온 우수한 간부가 혀를 내두를 정도의 인물이 되어, 현재도 교세라를 이끌고 있다고 합니다.

당연한 얘기지만 간부나 사원이 사장님과 회사를 사랑하고 있다면, 자신보다는 회사를 생각하기 때문에 사외 인재의 등용을 용인할 수 있는 회사가 될 것입니다.

해법

❶ 간부의 중도 채용에는 장점도 있지만, 사원과 간부들의 의욕 저하, 사장에 대한 불신감, 회사에 대한 충성도 저하라는 단점도 있다.

❷ 그 단점을 다음과 같은 방법으로 해소시킬 수 있다면 채용하고, 그렇지 않다면 채용하지 않는다. 사장이 간부와 베테랑 사원 들에게 회사의 발전을 위해 우수한 인재를 채용하고 싶다고 호소하여, 간부와 베테랑 사원 들을 납득시킨다.

❸ 궁극적인 방법은 사외 인재의 등용을 용인할 수 있는 회사, 즉 사원과 간부들이 사장과 회사를 사랑하고, '자신보다는 회사'를 생각하는 회사를 만드는 수밖에 없다.

간부를 중도 채용 할 때
유의할 점은 무엇인가?

사장님, 외부의 우수한 간부를 채용할 수 있다고 생각하십니까?

'음, 글쎄요. 일반적인 중도 채용으로는 불가능할 수도 있겠지만, 헤드헌팅 회사에 의뢰하면 비용은 들더라도 우수한 간부를 채용할 수 있지 않을까요?'

그렇군요. 사장님은 그렇게 생각하시는 군요.

시장에 우수한 간부가 있을까요? 우수하다면 독립을 하거나, 지금 있는 회사에서 중요한 자리에 앉아있지 않을까요? 설사 있다고 하더라도 사장님의 양보할 수 없는 이상과 철학에 동의할지, 회사의 풍토에 맞을 지는 확신할 수 없습니다.

1만 명 이상의 사장님들과 만난 제 경험으로는, 중소기업에서 간부 중도 채용에 성공하는 경우가 적습니다. 오래된 친구나 지인을 들이는 경우는 별개겠지만, 중소기업에서 간부의 중도 채용이 성공하는 사례는 드물다는 것을 전제로 채용 활동을 하는 것이 좋습니다.

'그렇습니까? 그 의견도 고려해가면서 채용 활동을 해보겠습니다.'

다음으로 간부 면접입니다. 사장님, 면접에서 신경 쓰고 있는 것은 무엇입니까?

'음, 저뿐만 아니라 간부에게도 면접을 하게 하고 있습니다.'

그건 좋은 방법이군요. 모든 간부들이 면접을 하면 다방면으로 평가를 할 수 있습니다. 부하가 될 사원이 몇 명 있고, 1년 이상 그 간부가 상사가 되는 경우에는 부하를 면접에 참가하게 해도 좋지 않을까요? 사장님이 알지 못하는 부하의 시선에서 나오는 의견을 들을 수 있고, 그 간부가 입사함으로써 부하가 퇴직하는 리스크를 사전에 막을 수 있다는 장점도 있습니다.

사장님, 면접에서 그 밖에 신경 쓰고 있는 것은 무엇입니까?

'면접에는 시간이 오래 걸립니다.'

그렇군요. 그것도 중요하겠네요. 면접에서는 '사장님의 양보할 수 없는 이상과 철학'에 대한 질의응답이나 의견 교환을 차분하게 진행해 주십시오. 앞으로 간부가 될 사람이 '사장님의 양보할 수 없는 이상과 철학'에 동의하고 있지 않다면 불합격입니다. 채용하면 사장님의 스트레스만 쌓일 뿐, 회사가 좋아지는 일은 없습니다. '동의하는 경우에만 채용'은 아주 중요합니다.

'동의하는 경우에만 채용하는 거군요! 정말 중요하겠네요.'

그 밖에 면접에서 유의할 점을 다음에 소개하겠습니다.

① 사장 면접은 장소를 바꾸어 3번 실시합니다.

(예: 첫 번째- 본사 회의실, 두 번째- 현장 견학, 세 번째- 회식)

② 한 번은 식사를 포함합니다.

'아, 그런가요? 세 번 해야 하는군요. 간부 채용이니까 그 정도는 필요할지도 모르겠어요. 식사도 하나요?'

네, 회식 면담에는 좋은 점이 있습니다. 니혼 전산의 나가모리 시게노부 회장 겸 사장도 저서 〈사람을 움직이는 사람이 돼라!〉(미카사쇼보)에서 "함께 식사를 해보면 면접에서는 나타나지 않는 그 인물의 숨겨진 부분을 엿볼 수 있다"고 말하고 있습니다.

사장님, 서류 전형에서 신경 쓰고 있는 것은 없습니까?

'아니요, 특별히 없습니다. 물론 전형 기준에 맞는지 여부는 꼼꼼히 보고 있습니다'

그렇습니까? 최근에는 경력 사칭도 많으니까 확인하시는 게 좋습니다.

마지막으로 채용한 경우에는 곧바로 많은 부하가 있는 자리에 앉히지 말고, 당분간은 사장님 옆에 두고 상태를 지켜보는 것이 좋습니다.

해법

❶ 간부 중도 채용은 성공하는 경우가 드물다는 전제 하에 실시한다.

❷ 사장의 양보할 수 없는 이상과 철학에 동의하는 사람을 채용한다.
-경력 사칭 대책은 확실하게 세워둔다.

❸ 면접은 사장뿐만 아니라 간부와 부하가 될 사원도 참가 시킨다.

❹ 사장 면접은 장소를 바꿔서 세 번 실시하며, 그 중 한 번 은 회식 면접을 한다.

❺ 채용하면, 처음부터 부하를 많은 자리에 앉히지 말고, 당분간은 사장 옆에 두고 상태를 지켜본다.

간부에게도 말할 수 없는 사장의 고민 해결

제5장

직위와
권한 위임의
비결은?

간부의 직위는
어떻게 정하면 좋을까?

사장님은 현재 어떻게 정하고 계십니까?

'당기 목표를 달성하여 최고의 팀이 될 수 있도록, 간부의 전기 성과와 능력을 고려하여 저 혼자 곰곰이 생각해서 직책을 정하고 있습니다'

그렇습니까? 많은 사장님들이 사용하고 있는 표준적인 결정 방법이군요. 그렇다면 직책을 정한 다음, 간부에게는 어떤 방법으로 설명하고 계십니까?

'모든 간부들을 소집하여, 정한 직책과 제 생각을 시간을 들여 설명하고 있습니다.'

개별적으로 하는 게 아니고, 모든 간부들 앞에서 사장님의 생각을 설명하시는군요. 그건 좋네요. 조직도를 나눠주고, 전 사원 앞에서 "차기에는 이 체제로 가겠습니다"라고 발표하거나, 간부에게 개별적으로 "당신의 차기 직책은 이것 입니다"라고 전하는 것보다 간부들의 이해도 높아집니다. '왜 저 사람이 저 자리에 있지?'라는 의문이나 불만이 해소될 것입니다.

거기까지 설명해도 납득을 하지 못한 표정을 하고 있는 간부가 있는 경우에는 어떻게 하고 계십니까?

'글쎄요. 그런 경우에는 개별적으로 다시 설명하고 있습니다.'

그렇군요, 사장님은 설명 책임을 다 하시는군요. 간부의 직책은 간부나 사원의 최대 관심사이자 불만을 야기하는 최대의 씨앗이기도 합니다. 직책 결정 후 간부에게 설명하는 것은 매우 중요합니다.

'네, 그렇습니다. 간부에게 찬찬히 설명하는 건 힘이 들기도 하지만 중요한 일이죠.'

사장님, 여기에서 간부의 직책 결정과 관련하여 세 가지 질문을 드려도 되겠습니까?

질문 1 간부 한 사람의 육성 방침에 입각하여, 직책을 결정하고 있습니까?

질문 2 3년 이상 같은 직책에 있는 간부의 직책 변경을 검토하고 있습니까?

질문 3 결정한 직책이 잘못됐을 경우, 임기 중에도 변경하고 있습니까?

'저희는 대부분 YES입니다. 업적 향상과 간부 육성의 균형을 맞추는 것은 매우 어렵지만, 간부가 가장 크게 성장하게 되는 것은 업무를 통해서이기 때문에, 목표를 달성하지 못할 위험을 감수하더라도 직책을 주기도 합니다. 질문 2는 2년에 한 번으로 바꿀까 생각하고 있습니다'

그렇군요. 사장님은 업적과 육성의 균형을 잘 유지하고 계시군요. 2년에 한 번 직책을 바꾸는 것도 좋지 않을까요? 직책의 질에 따라 다르겠지만, 중요한 것은 '타성에 젖어 간부가 생각을 하지 않는 것으로부터 탈피하는 것'입니다. 오랫동안 같은 직책에 있으면, 현재에 만족하여 깊이 생각하지 않게 됩니다. 직책을 바꿈으로써 간부의 사고가 멎는 것을 막을 수 있습니다.

'소장님, 우리 회사는 아쉽게도 어떤 부문에서는 NO도 섞여 있습니다. 아무래도 육성보다는 당기의 목표달성이 우선시 되고, 그러다 보니 영업부장은 5년 이상 하고 있습니다. 분명히 타성에 젖어 있을 거예요. 그런데 그 일을 맡을 수 있는 다른 간부가 없습니다……'

그렇군요. 과감하게 젊은 사람을 발탁하는 것은 어떻겠습니까? (자세한 내용은 고민 38 참조)

'검토해보겠습니다'

마지막으로 제가 전직 사장일 때 10년 이상, 매년 했던 방법인 '직책 결정 합숙'을 소개해 드리겠습니다. 차기가 시작되기 한 달 전쯤에 사장님과 간부 전원이 2박 3일 합숙을 합니다. 그 합숙에서 모든 직책을 정합니다. 구체적인 수순은 다음과 같습니다.

① 합숙 전에 간부 전원에게 차기 조직도를 전달한다(물론, 직책은 빈칸).
② ①의 조직도를 보면서 입후보와 추천의 두 가지 방법을 통하여 간부
　들끼리 직책을 하나씩 정해 나간다(이때 사장은 묵묵히 듣기만 한다).
③ 하나의 직책에 후보자가 여럿 있는 경우에는 간부 전원이 의견
　을 교환하여 누가 그 직책에 적당한지 정해나간다.
④ 간부들의 직책 안이 정해지면 사장이 나선다. 직책 안에 찬성이
　면 조용히 지켜봅니다. 반대일 때만 '잠깐만 기다려요'라고 하고,
　사장의 생각을 설명하면서 해당 직책의 간부를 변경한다.
⑤ 모든 지위가 정해질 때까지 ②, ③, ④의 수순을 반복한다.

'음! 그런 방법으로 하고 있었군요. 시간이 많이 걸리겠는데
요…….'

네, 의견 교환에만 최대 이틀은 걸립니다. 다만 차분히 시간을 가지
고 선원이 의견 교환을 하기 때문에, 직책 결정에 대한 간부들의 이해
력이 높아져, '왜 저 직책은 내가 아니지?', '사장님은 왜 ○○를 저 직
책에 앉힌 거지?'라는 등의 불만이 줄어듭니다. 인력 배치에 대한 간
부들의 눈높이도 높아집니다.

'모두의 앞에서 하기 때문에 납득하기 쉽겠군요. 하지만 결국에는
소장님이 거의 다 바꾸는 것 아닙니까?'

아니요, 꼭 그렇지도 않습니다. 처음에는 20~30%, 익숙해지면 간부의 안과 제 안이 거의 같아집니다. 매번 한 명을 제가 바꾸는 정도입니다. 물론, '직책 결정 합숙'에 참가하는 간부는 전제 조건을 통과한 간부입니다.

사장님, 참고해 주십시오.

해법

❶ 간부의 직책 결정은 사장의 전결사항이므로, 사장이 혼자서 정하면 된다.

❷ 단, 결정 후 간부들에 대한 설명은 개별적으로 하지 말고 모든 간부들을 모아서 직책 결정에 대한 사장의 생각을 간부 전원에게 찬찬히 설명하는 것이 좋다.

❸ 간부 개개인의 육성 방침(사장이 간부에게 거는 기대)에 입각하여, 조직의 목표 달성과의 균형을 검토해가며 직책을 정한다.

❹ 3년 이상 같은 직책에 있는 간부의 직책 변경도 검토해 본다.

❺ 결정한 직책이 잘못되었을 경우에는 임기 중에도 변경한다.

❻ 사장과 간부 전원이 합숙을 통해 의견을 교환하면서 직책을 결정하는 '직책 결정 합숙'이라는 방법도 있으므로, 활용해 본다.

❼ 물론 이러한 방침은 간부의 전제 조건을 통과한 간부에 대한 것이다.

어떤 사람을
No.2로 삼아야 할까?

사장님, 어떤 사람을 No.2로 삼고 싶습니까?

'…...음, 글쎄요. 우선은 저와 궁합은 맞지 만 성격이 다른 사람, 물론 저와의 신뢰 관계도 중요하겠죠.'

그렇군요. 그러한 것들이 모두 No.2의 전제 조건이군요. 또 있습니까?

'다른 거요? 글쎄요. 역시 저를 적극적으로 지지해 줄 사람을 No. 2로 삼고 싶습니다. 그 다음은 인품이겠죠.'

두 가지 역시 중요합니다. 더 있습니까?

'글쎄요. 일단은 그 정도인 것 같습니다.'

참고로 '사장님의 양보할 수 없는 이상과 철학에 동의해야 한다'는 것은 조건이 되지 않습니까?

'소장님은 언제나 그걸 빼놓지 않는군요. 그것도 No.2가 될 사람에게는 중요한 요건이지요'

사장님, 공감해 주셔서 감사합니다.

500년 동안 셀 수 없는 지도자들이 읽어 온 가공할 만한 리더론인 '군주론'에서 니콜로 마키아벨리는 이렇게 말합니다.

"군주보다도 자신을 생각하고, 무엇을 하더라도 자신의 이익을 추구하는 자는 결코 좋은 측근이 될 수 없으며, 신뢰를 할 수 없다. 정무를 맡은 사람은 자신의 일 따위는 결코 생각해서는 안 되며, 항상 군주를 생각하고, 그 외에는 어떠한 일에도 관심을 가져서는 안 되기 때문이다."

사장님, 어떻습니까?

'그런 No.2가 있다면 좋겠네요. 하지만 자신을 생각하지 않고 항상 사장을 생각하는 그런 사람이 있을까요?'

있지 않을까요? 다시 한 번 이러한 관점에서 간부를 생각해 보면 어떨까요?

그러면 여기에서 No.2의 전제 조건을 여섯 가지 소개하겠습니다.

① 사장의 양보할 수 없는 이상과 철학에 누구보다도 동조하고, 실천하고 있다.

② 자신의 일은 결코 생각하지 않고, 항상 사장을 생각하고 있다.

③ 사장과 굳건한 신뢰 관계가 있다.

④ 사장과 궁합이 좋다.

⑤ 사장과 성격이 다르다.

⑥ 인품이 좋고, 인간적으로도 훌륭하다.

사장님, 어떻습니까?

'음, 4~5개 정도 통과할 사람은 있는 것 같은데, 6개 전부를 말하는 거죠? 어떨지 모르겠네요'

위대한 경영자, 위인이 생각하는 No.2의 조건을 저 나름대로 정리한 것입니다. 사장님이 No.2를 정하실 때 참고해 주십시오.

지금부터 전제 조건을 통과한 사람 중에서 No.2를 정하게 될 텐데, 사장님은 No.2에게 어떤 역할을 기대하십니까?

'글쎄요, 제가 잘하지 못하는 분야를 보강해주었으면 좋겠습니다.

그렇군요, 이른바 사장님의 오른팔이군요.

'저는 실무 면을 모두 맡아 주었으면 좋겠습니다'

No.2는 실권자군요. 명확하고 알기 쉬운 역할이네요.

No.2를 정할 때의 포인트는 앞서 언급한 사장님의 No.2에 대한 기대에 부응할 수 있는지 여부입니다.

'그렇군요. 여러 역할이 있지만, 우리 회사의 No.2는 제가 기대하는 소임을 다해야 하는 사람이니까요'

사장님, 맞는 말씀입니다.

참고로, No.2의 일반적인 역할을 소개하겠습니다.

① 사장이 잘하지 못하는 분야를 담당하는 오른팔

② 사장의 전략 입안에 조언을 하는 참모

③ 실무 면을 모두 맡아, 회사를 지탱하는 실권자

④ 사장에게 간언하는 조언자

⑤ 사장의 손을 더럽히지 않는 보좌역

⑥ 사장의 뜻을 충실히 실행에 옮기는 사장 대행

⑦ 리스크와 외부의 적으로부터 회사를 지키는 수호신

⑧ 사장을 돋보이게 만들기 위하여 존재하는 조연

'와, 여러 가지가 있군요'

꼭 참고해 주십시오.

해법

❶ 먼저 No.2의 전제 조건을 설정한다. (이하는 참고 예시
입니다)

Ⓐ 사장의 양보할 수 없는 이상과 철학을 누구보다도
존중하고, 실천하고 있다.

Ⓑ 자신의 일은 결코 생각하지 않고, 항상 사장을 생각
하고 있다.

Ⓒ 사장과 굳건한 신뢰 관계가 있다.

Ⓓ 사장과 궁합이 좋다.

Ⓕ 사장과 성격이 달라야 한다.

Ⓖ 인품이 좋고, 인간적으로도 훌륭하다.

❷ No.2의 전제 조건을 통과한 사람 중에서 사장의 No.2
에 대한 기대에 부응할 수 있는 사람을 No.2로 삼는다.

직책 설정

사장의 고민 ㉒

간부의 능력이 부족하여 섣불리 일을 맡길 수가 없다

사장님, 간부의 능력이 부족해서 일을 맡길 수 없으십니까?

'그렇습니다.'

그렇다면 맡기지 않아도 되지 않습니까?

'아니, 그건 그렇지만 그럴 수는 없잖아요.'

네? 사장님, 왜 그럴 수 없습니까?

'그게……. 맡기지 않으면 간부가 성장할 수 없고, 내가 바쁜 것도 바뀌지 않고…….'

그렇다면 맡기십시오.

'소장님, 그게 어려운 부분이에요.'

그렇군요. 제가 만난 1만 명이 넘는 사장님들도 같은 고민을 안고 있었습니다.

'역시 그렇군요. 이 고민은 사장님들의 영원한 고민이에요!'

그렇습니다. 그런데 사장님이 일을 맡기려고 하는 간부는 간부의 전제 조건(자세한 내용은 고민 13 참조)을 통과한 간부겠군요.

'물론 그렇습니다. 그렇지 않다면 고민하지 않겠지요'

그러면 사장님, 여기에서 제안을 하나 드려도 될까요?

'네, 좋습니다'

'일을 맡기는 것'이 아니라 '실패하게 만드는 것'은 어떻습니까?

'네? 실패하게 만든다고요?'

네, 간부에게 어려운 일을 맡기지 말고, 간부에게 실패를 하게 만듭니다.

사장님, 지금까지의 인생을 돌이켜보십시오.

사장님은 실패를 맛보았을 때 성장을 경험하지 않으셨습니까?

'실패를 맛보았을 때는 크게 낙담했지만, 그 이상으로 많은 것을 깨달았고, 많이 변한 것 같습니다.'

그렇지요. 사람은 실패를 하면 성장합니다.

'그렇군요, 실패에서 많은 것을 배웠어요.'

사장은 참 좋은 자리군요.

'네? 왜요?'

실패를 하더라도 그 누구에게도 야단을 맞지 않으니까요(웃음).

'뭐, 그건 그러네요. 내가 실패를 했다고 해도 "이 멍청아, 무슨 짓을 한 거야!"라고 야단을 치는 사람은 없으니까요. 그런 의미에서는 좋은 자리네요.'

그래서 사장님이 가장 성장하는 겁니다.

'그렇군요! 실패한 경험의 수만큼 다른 사람보다 성장하는 거군요.'

사장님, 그 대단한 특권을 간부에게 선물하는 것은 어떻습니까?

'알겠어요, 그래서 '실패하게 만든다'군요!'

네, 회사가 망할 정도의 '큰 실패'를 하게 만들 수는 없겠지만, 성장 속도 저하, 매출 감소 또는 회사 전체의 목표 달성에 미치지 못하게 된다거나 하는 등의 '중간 크기의 실패'는 간부들이 실컷 경험할 수 있게 만드는 편이 좋지 않을까요? 그렇게 함으로써, 간부는 성장을 하게 되고, 능력도 키우게 됩니다.

'중간 크기의 실패'를 하게 만든다! 그 정도라면 능력이 부족한 간부에게 선물해도 되겠군요. '일을 맡기는 것'이 아니라 '실패하게 만드는 것'이군요! 알겠어요!'

'일을 맡긴다'라는 말은 이제 쓰지 않기로 합시다. 그렇게 하면, 일을 맡기는 고민도 사라집니다.

'그래요, 그렇게 하겠습니다. 어떤 실패를 하게 만들 건지를 잘 생각해서, 간부의 성장에 도움이 되는 실패를 선물한다는 거군요?'

네, 사장님, 그렇게 하는 겁니다. 물론 간부에게 일을 의뢰할 때, '실패하게 만들어 줄 테니 잘 부탁하네!'라고 말하지 말고, 사장님의 머리 속에만 간직하십시오.

'알겠어요. '최악의 경우에는 실패해도 좋으니, 일단 과감하게 한번 일에 도전해 보게!' 이런 식이군요?'

그렇습니다. 그런 식으로 하는 것이 좋습니다. 실패하게 만든다는 각오로 일을 맡기면, 의외로 성공하는 경우도 많다고 합니다. 앞으로는 간부들이 마음껏 실패하게 만든다! 그것 밖에 없습니다. '일을 맡긴다'는 말에는 작별을 고하십시오! 맥도날드의 창업자 레이 크록도 대담하게 일을 맡기고, 실패를 통해 배우고 성장하게 만드는 것을 실천해 왔다고 합니다.

해법

❶ 간부에게 '일을 맡긴다'가 아니라, '실패를 하게 만든다' 라고 발상을 전환한다.

❷ 사람은 실패를 통하여 많은 것을 배우고 성장한다.

❸ 간부에게 회사가 망할 정도의 큰 실패를 경험하게 만들 수는 없지만, '중간 크기의 실패'를 하게 만들어서 간부가 성장하도록 한다.

❹ '일을 맡긴다'라는 말을 쓰지 않으면 '일을 맡기는 것'과 관련된 사장의 고민도 사라집니다.

❺ 사장은 간부에게 어떤 실패를 하게 만들 것인가 라는 발상으로, 간부의 성장에 도움이 되는 일을 맡긴다.(물론, 간부의 전제 조건을 통과한 경우이다).

간부에게 맡겨봤지만
생각만큼 잘 되지 않는다

사장님, 잘 되고 있지 않다는 것을 어떻게 아셨습니까?

'보고 미팅에서 알게 됐습니다.'

그렇습니까? 어떤 느낌이 드셨습니까?

'간부의 상태나 상황을 보고 있자니, 왠지 모르게 위험하다는 느낌이 들었습니다.'

그렇군요, 사장님은 예리하시군요! 그래서 앞으로 어떻게 하고 싶으십니까?

'사태를 크게 만들지 않기 위해서라도 간부에게 지적을 하는 편이 좋겠다고 생각합니다만.'

갑자기 사장님에게 지적당하면 간부는 어떻게 생각할까요?

'기분이 그렇게 좋지는 않겠지요. 맡겼으면 간섭하지 말라고 생각할 것 같습니다.'

그렇습니다. 간부 입장에서는 '일을 맡았으니' '내 생각대로 해도 좋다'라고 생각할 겁니다. 사장님에게 지적을 받으면 '이것저것 간섭을 하는 것은 일을 맡긴 것이 아니다. 그렇다면 처음부터 맡기지 말아 달라'는 생각에 화가 날 겁니다.

'그렇겠네요. 갑작스런 지적은 역효과가 있을 수 있겠어요. 하지만 궤도는 수정해야 합니다.'

그렇군요. 그렇다면 사장님, 어떻게 하면 좋을까요?

'지금 지적하지 말고, 중간 보고 미팅에서 지적하면 되지 않을까요?'

그렇습니다. 그건 좋은 방법이라고 생각합니다.

사장님, 거기서 어떤 말씀을 하시겠습니까?

'글쎄요, 상황을 들어보고 틀린 것을 지적하겠지요?'

사장님 그렇게 하면 간부는 어떻게 느낄까요?

'그렇군요, 그렇게 하면 아까 상황이랑 크게 다르지 않군요. 안 되겠네요.'

네, 그렇습니다. 그러면 어떻게 하시겠습니까?

'글쎄요, 먼저 차분히 간부의 이야기를 들어야겠죠?'

그렇습니다. 먼저 10분 이상 간부의 이야기를 듣는 게 좋습니다. 그것을 통해 간부가 현재 상황을 어떻게 인식하고 있는지 파악해야 합니다. 현재 상황에 대한 인식이 잘못돼 있다면 어떻게 하시겠습니까?

'그렇다면 "인식이 잘못돼 있지 않은가!"라고 말할 것 같습니다. 아니! 그렇게 하면 간부가 화가 나겠네요. 방금 전 상황이랑 차이가 없군요. 이건 안 되겠어요'

역시 사장님이십니다. 학습효과가 나오는군요. 그러면 어떻게 하시겠습니까?

'알았어요. 잘못된 것을 갑자기 지적하지 않고 힌트를 주면 되겠군요?'

그렇습니다, 사장님! 정답입니다. 굳이 정답을 알려주지 않고, 힌트를 주거나 질문을 하여 현재 상황이 좋지 않다는 것을 간부가 알아차리게 만듭니다. 그것이 가장 좋은 방법이 아닐까요? 사장님과 간부는 실력, 경험, 안목이 크게 다릅니다. 사장님은 '위험하다!'고 느끼고 있는데도 간부는 인식하지 못하고 있는 경우가 많습니다.

'그렇군요. 갑자기 잘못돼 있다는 지적을 받으면, '사장은 나에게 위임하고 있지 않다! 내 생각대로 할 수 없다'는 생각에 간부도 화가 나겠군요. 힌트를 줘서 간부 스스로가 현재 상황에 대한 인식이 어긋나 있다는 것을 알아차리고, 궤도를 수정할 수 있게 만들어준다면 위임을 받았다는 의식을 가지고 계속 열심히 일할 것 같아요.'

사장님, 바로 그겁니다. 그 때 다시 한 번 궤도 수정 후의 방침과 목표를 간부에게 전달해서, 이 범위 안에서 자유롭게 일해달라고 말하면 되지 않을까요?

'그렇군요, 좋은 방법이에요. 그렇게 하지 않으면 또 바로 간섭을 해야 할지도 모르니까요'

마지막으로, 다음 중간 보고 미팅 일정을 정하는 편이 좋습니다. 물론 일을 맡기는 간부는 간부의 전제 조건을 통과한 간부입니다.

해법

❶ 간부에게 일을 위임했는데 잘되지 않은 경우, 사장은 갑자기 간부에게 지적을 하지 말고 중간 보고 미팅을 한다.

❷ 중간 보고 미팅에서도 현재 상황에 대한 간부의 인식이 잘못돼 있다는 것을 사장이 지적하지 말고, 힌트를 줘서 간부 스스로 궤도를 수정할 수 있게 이끌어 준다.

❸ 궤도 수정 후의 방침과 목표를 사장이 간부에게 전하고, 이 범위 안에서 자유롭게 일해달라고 부탁한다.

❹ 마지막으로, 다음 중간 보고 미팅의 일정을 정하고, 계속해서 간부에게 일을 맡긴다.

❺ 물론, 이러한 방침은 간부의 전제 조건을 통과한 간부용이다.

간부의 권한 위임에
성공하는 포인트는
무엇인가?

간부의 전제 조건을 통과한 간부에게 권한을 위임하는 것이 대전 제입니다만, 사장님은 권한 위임에 성공하는 포인트가 무엇이라고 생 각하십니까?

······ (잠시 숙고)

'글쎄요. 먼저 '일을 맡겼으면 간섭하지 않는 것'이 중요하다고 생 각합니다'

그렇군요, 간섭하지 않고 지켜보는 것은 중요합니다. 영국 해군 구 축함 선장은 자기 혀에서 피가 나올 정도로 혀를 깨물어 참았다고 합 니다. 도코 도시오는 저서 〈경영의 행동 지침〉(산노 대학 출판부)에서 위임은 목구멍까지 올라온 말을 참고 삼키는 것처럼 힘든 행위라고 말하고 있습니다.

'아, 피가 나올 때까지! 참을 인! 대단하군요. 정말 힘든 일이네요.'

그렇습니다. 간부 입장에서는 '일을 맡았으니' '내 생각대로 해도 좋다'고 해석하게 됩니다. 그래서 지적을 당하면 '맡긴다면서 간섭을 한다. 일을 맡겼다고 할 수 없다'고 화를 내게 됩니다.

'그렇긴 해요. 하지만 그러면 사장은 아무 말도 할 수 없겠죠. 이런 공포의 악순환이 싫습니다.'

맞습니다. 무섭습니다. 정말로 흔히 있는 사장님의 고민입니다.

교세라의 이나모리 명예 회장은 맡겼다고 해도 아무 것도 안 하는 것이 아니며, 간부에게 부문의 경영을 책임지게 하여, 그 결과를 엄격하게 따질 필요가 있다고 말합니다.

'간섭은 하지 않되 결과를 따진다……. 그러한 방법도 있었군요.'

그러면 사장님, 일단 일을 맡겼으면 계속 간섭을 하지 않아야 할까요?

'아니요, 그러면 방임이 되니까, 문제가 발생했을 때에는 도움의 손길을 내미는 게 좋다고 생각합니다'

네, 그게 포인트입니다. 도움의 손길을 어떻게 내밀겠습니까?

'간부가 간섭을 받았다고 생각하지 않도록 적절한 조언이나 지시를 하는 것은 어떻겠습니까? 서로 굳건한 신뢰 관계가 있다면 "이 보게, 그건 어떻게 됐나?" 정도면 될 것 같은데.'

그것도 하나의 방법입니다. 심플하면서 효과적인 방법입니다. 그 방법으로 간부가 마음 상하지 않으면, 사전에 보고받을 시점을 정해두어야 합니다.

'그렇게 하면 도움의 손길을 내밀기도 쉬워지겠군요.'

네, 다만 간부가 제멋대로 나가거나 착각을 하지 않도록, 사전에 사장님이 결정해서 간부에게 전달해둘 필요도 있습니다. 사장님, 전달할 내용이 무엇이라고 생각하십니까?

'당연히 방침은 전달해야 합니다'

그렇군요, 맞습니다. 다른 것은요?

'음, 목표, 최종 목표도 결정해서 전달하는 편이 좋겠네요.'

그렇군요. 사장님이 간부에게 맡긴 업무의 방침과 목표를 사전에 전달하는 것은 매우 중요합니다. 그리고 간부에게 "이 범위 안에서 자유롭게 일해주게"라고 전달하면서 일을 맡깁니다.

'그건 그렇지만, 너무 바빠서 여유가 없으면, 무의식 중에 "이것 부탁하네! 잘 해주게, 부탁하네!"라는 식으로 일을 맡기고, 그 이후로는 아무 말도 하지 않는 경우도 있습니다.'

그렇습니다. 그렇게 되는 경우도 자주 있습니다. 웬만큼 주의하지 않으면 "잘 부탁하네!"라는 식으로 일을 맡기게 되어버려 간부가 모든 것을 자기 마음대로 해도 된다고 착각하게 됩니다. "이거 맡길 테니, 잘 부탁하네! 단, …… 라는 방침으로 부탁하네"라는 말과 같이 "잘 부탁하네, 단, ……"을 사장님의 입버릇으로 만들어야 합니다.

'잘 부탁하네, 단, ……. 말이군요. 잘 알겠습니다. 그렇게 해보겠습니다.'

그런데 사장님, 어떤 조건이 충족되면 권한을 위임하고 일을 맡기시겠습니까?

'음, 글쎄요. 먼저 그 간부에게 일을 맡길 수 있을 정도의 능력이 있는지를 봐야겠지요. 그 부분은 꼼꼼히 볼 것 같습니다.'

그렇군요, 능력을 가지고 있는지를 보시는군요. 중요한 조건입니다. 우수한 인재가 아니라면 권한을 위임할 수 없습니다. 참고로 능력이 몇 점 정도 있으면 맡길 수 있습니까?

'몇 점이요? 100점을 받을 수 있는 간부는 없을 테니, 80점에서 90점 정도일까요?'

80점에서 90점이군요. 그렇다면 좀처럼 맡길 수 없을지도 모르겠군요.

'하지만 능력이 부족한 간부에게 맡겼다가 실패하는 건 싫습니다. 조금 욕심이 과한 건가요?'

글쎄요, 어떨까요? 마쓰시타 고노스케는 60점 정도의 능력이 있으면, 일을 계속 맡겼다고 합니다.

'60점인 사람에게 맡겼군요. 대단하네요. 그런데 그게 잘 되었나요?'

60점인 사람에게 맡겨서, 6명 중 3명은 잘 됐고, 2명은 보통, 1명이 가끔씩 실패했다고 합니다.

'아, 그렇군요. 그런데 60점짜리 능력만 가지고도 그렇게 성공할 수 있습니까?'

역시 사장님, 예리하시군요. 마쓰시타 고노스케는 60점짜리 능력에 덧붙여 열의를 보았다고 합니다. 그것이 권한을 위임할 때의 비결입니다.

'그렇군요, 열의군요! 능력 이상으로 중요한 사항일 수도 있겠네요.'

해법

❶ 간부의 전제 조건을 통과한 간부에게 60점짜리 능력과 열의가 있다면, 강한 신뢰감을 가지고 일을 맡긴다.

❷ 사전에 다음 두 가지를 정한 후, 일을 맡긴다.
Ⓐ 맡기는 업무를 진행하는 데 있어서의 방침과 목표
Ⓑ 보고 시점
Ⓒ 일단 일을 맡겼으면 간섭 하지 않고, 따뜻하게 지켜보면서, 보고를 듣고, 결과를 따진다.

❸ 문제가 발생하면 도움의 손을 내밀어 조언을 하지만, 답을 가르쳐주지 말고, 힌트를 준다.

| 그림 18 간부의 권한 위임 포인트 |

제6장

리더십과 매니지먼트는
과연 무엇인가?

사장 홀로 리더십을
발휘해도 되는 걸까?

리더십을 발휘하는 것은 사장 한 명이면 된다?. 글쎄요, 간부는 리더십을 발휘하지 않아도 된다는 말이군요?

'네, 그렇습니다.'

사장님, 리더십의 정의는 다음과 같이 생각하면 어떻습니까?

'올바른 방향을 제시하면, 사원들이 기쁜 마음으로 그 방향을 따라간다.'

'그게 맞다고 생각합니다'

알겠습니다. 여기서 묻겠습니다. 사장님의 회사 발전 단계는 다음의 세가지 중 어디에 있습니까?

① 창업 단계

② 성장 단계

③ 성숙 단계

'우리 회사는 아직 창업 단계입니다'

그렇군요. 그렇다면 사장님의 생각대로 하시면 됩니다.

'우리 회사가 성장/성숙 단계일 경우라면 어떻습니까?'

그러면 한 가지 더 묻겠습니다.

사원의 수는 20명 이상입니까?

'아니요, 20명 미만일 경우입니다'

그것도 사장님 생각대로 하시면 됩니다.

'그렇군요. 소장님, 만약 20명 이상일 경우라면 어떻게 합니까?'

사장님, 그렇다면 다음의 두 가지 제안을 참고해 주십시오.

① 리더십은 단기간에 습득하기 어려우므로, 중기적인 리더 육성 계획을 세워서 실행하는 것이 어떨까요?

② 사장님 회사에 사원이 100명 이상 있다면, 리더십을 발휘할 수 있는 간부가 1명 이상 필요하지 않을까요? 사장님의 주도 하에 간부의 리더십을 개발해 주십시오.

'역시, 리더십은 단기간에 습득할 수 없는 건가요?'

그렇습니다. 리더십은 '암묵지' 중에서도 가장 깊은 것이어서 쉽게 배울 수 없습니다.

'그렇겠네요. 스스로 경험을 쌓고 시행착오를 되풀이하면서 습득하는 거니까 시간이 필요하겠네요'

그렇습니다. 치열한 현장 경험을 포함하여 시간을 들여 계획적으로 여러 경험을 쌓게 해야 합니다.

'리더십을 발휘하는 리더는 100명 당 1명 필요한가요?'

저의 제안이 절대적인 것은 아닙니다. 구심력을 가지고 300명의 사원을 혼자서 이끌어가는 사장님도 있을 것입니다. 제가 15년간에 걸친 경영자로서의 경험과 1만 명 이상의 사장님들로부터 얻어낸 하나의 생각일 뿐입니다.

해법

❶ 회사가 창업 단계에 있거나 사원이 20명 미만인 회사라면, 리더십은 사장 혼자서도 충분하다.

❷ ❶ 이외의 회사이면서 사원이 100명 미만인 회사라면, 중기적인 리더 육성 계획을 세워, 실행해보는 것이 좋다.

❸ ❶, ❷ 이외의 회사라면, 사장의 리더십만으로는 충분하지 않으므로, 사장의 주도 하에 1명 이상의 리더를 육성하는 것이 방법일 수 있다.

간부에게
리더십이 없다

사장님은 어떻게 하고 싶습니까?

'그야 당연히 간부가 리더십을 가져주었으면 좋겠습니다.'

그렇군요. 그런데 사장님, 그 간부는 간부의 전제 조건(고민 13 참조)을 통과했습니까?

'우리 간부들은 물론 통과했습니다'

알겠습니다. 사장님, 간부의 리더십을 키우기 위해 연수나 사장님의 지도 이전에 목표점을 설정해보는 것이 어떻습니까?

'목표점? 그게 뭔가요?'

목표점이라는 것은 다음의 세 가지입니다.

① 리더십의 정의

② 리더십을 살려 달성해야 하는 역할

③ 리더십 발휘에 필요한 능력

사장님, 이 세 가지를 설정하셨습니까?

'아니요, 아직 설정하지 않았습니다.'

그러면 지금부터 설정해 주십시오. 먼저 리더십을 정의합니다. 사전에 알기 쉽게 설명되어 있는데, 리더십이란, '지도자로서의 자질, 능력, 역량, 통솔력'입니다.

'으음, 지도자로서의 능력, 통솔력 말이군요. 알겠습니다. 의외로 이해하기 쉽네요.'

네, 그렇습니다. 통솔은 "많은 사람을 하나로 모아 이끄는 것"이라고 되어 있습니다. 사전에 알기 쉽게 풀이되어 있는 바와 같이 리더십이란 "많은 사원을 하나로 모아 이끄는 것"이라고 정의해도 좋을 것 같습니다.

'그렇군요, 하지만 저는 바꾸고 싶군요.'

그렇습니까? 그러면 사장님 나름대로 정의를 정해 주십시오. 그림 19에 저명한 경영자나 교수, 컨설턴트의 '리더십의 정의'를 제시하였으니, 참고하여 주십시오. 참고로 제 정의는 '각오를 가지고 올바른 방향을 제시하고, 사원들이 그것을 기쁜 마음으로 따라가는 것'입니다.

'오, 소장님의 정의도 이해하기 쉽군요. 참고하겠습니다.'

예, 감사합니다.

| 그림 19 리더십의 정의 (예) |

존 P. 코터 (리더십론의 일인자)	사람들의 마음을 하나로 만드는 작용, 추종자의 의식 변화를 촉진시키는 행위
가나이 도시히로 (고베 대학 교수)	그림을 그려 지향하는 방향을 제시하고, 잠재적인 추종자가 그 방향을 기쁜 마음으로 따라오게 되면 그림이 실현되기 시작한다
하토 료 (경영 컨설턴트)	사람의 마음에 직접 작용하고, 계발과 동기부여를 통하여 사람과 집단을 움직이는 방법론
오자사 요시히사 (링크 앤 모티베이션 대표 이사 회장)	어느 일정한 목적을 향해 사람들에게 영향을 끼치고, 그 실현을 위해 이끄는 행위
후지타 스스무 (사이버 에이전트 대표 이사 사장)	방향성을 제시하고, 그 방향으로 사람을 이끄는 것
사카네 마사히로 (고마쓰 전 사장)	높은 자리에 있는 사람이 아래 사람을 따라오게 할 수 있는지 여부에 관한 것

정의가 되었으면, 그것을 토대로 달성해야 할 역할을 설정합니다.

'달성해야 할 역할 말입니까? 비전을 만드는 것 정도면 될까요?'

네, 그 정도면 됩니다.

참고로 달성해야 할 역할의 예를 다음과 같이 제시하겠습니다.

① 각오를 가진다

② 부문이 지향하는 모습(비전) 설정

③ 부문 전략 설정

④ ②, ③을 부하에게 전하고 공유한다

⑤ 부하가 기쁜 마음으로 따라온다

'알겠습니다! 깊이 생각해서 설정하겠습니다.'

리더십의 정의와 역할이 설정되었다면, 그것을 실현시키기 위해 필요한 능력을 설정합니다. 예를 들어, '전략 설정'이라는 소임을 다하기 위해서는 정보 수집 능력, 분석력, 과제 추출 및 파악 능력, 논리적 사고력, 결단력 등의 능력이 필요하게 됩니다. 고민 12의 그림 12 〈리더십 발휘에 필요한 능력〉에 자세한 예를 제시하였으니 참고하여 주십시오.

'그래요, 머릿속에 그려지고 있어요'

이것으로 세 가지 목표점이 설정되었습니다. 먼저 사장님이 간부들에게 목표점에 관하여 설명해주십시오. 간부는 설정된 능력을 습득하고 소임을 다하게 됩니다.

그런데 사장님, 능력을 습득하는 방법에 대해 어떻게 생각하십니까?

'글쎄요. 간부와 함께 역할을 확인하고, 실현되지 않은 역할을 달성하는 것부터 시작해야겠군요.'

그렇습니다. 사장님, 그 간부는 어렵지 않게 그 역할을 달성할 수 있을까요?

'음, 글쎄요. 쉽지는 않을 겁니다. 하지만 제가 가르치기보다는 간부들이 여러 가지 경험을 하게 해서 역할을 실현하도록 만들어야 합니다'

그건 그렇겠네요. 리더십은 암묵지 중에서도 가장 깊은 곳에 있는 것이므로, 경험, 특히 치열한 현장의 경험을 많이 쌓게 해야 합니다. 물론, 기초적인 부분이나 지식은 책이나 연수 등으로 익힐 수 있습니다.

'역시 그렇군요. 치열한 현장 경험은 확실히 중요하지요'

네, 상당히 중요합니다. 다음의 사항을 고려하여, 사장님이 간부에게 경험할 장소를 만들어 주십시오.

- 어떤 부문을 맡기면 좋을 것인가?
- 신규 사업 설립 부문, 업적 침체 부문, 분산되어 통일성이 없는 부문, 자회사 사장 등
- 어떤 부하를 붙여줄 것인가?
- 좀처럼 움직여주지 않는 부하, 슬럼프에 빠진 부하, 본인보다 우수한 부하 등

• 얼마나 엄격한 목표를 부여할 것인가?

'알겠습니다. 바로 해보겠습니다'

간부가 소임을 다하고 있는지 사장님이 정기적으로 확인하고, 잘 안되고 있으면 도움을 주거나 제안을 해주십시오.

'네, 알겠습니다. 당연한 일이지만 시키기만 해서는 안 되겠군요'

네, 사장님이 주시는 도움과 제안이 간부의 리더십 개발에 도움이 됩니다. 그렇게 함으로써, 간부 자신의 리더십에 대한 생각과 스타일이 확립되어 갑니다.

해법

❶ 먼저 다음 세 가지 목표점을 설정한다.
　Ⓐ 리더십의 정의
　Ⓑ 리더십을 살려 달성해야 하는 역할
　Ⓒ 리더십 발휘에 필요한 능력

❷ 다음으로, 목표점으로 설정한 역할을 다하고 있는지 사장과 간부가 체크하여, 다하지 못한 역할을 인식한다.

❸ 다하지 못한 역할을 실현시키는 데 필요한 현장을 간부가 경험하게 하여 능력을 개발해 나아간다.

❹ 맡은 바 소임을 다하고 있는지 사장과 간부가 정기적으로 확인하고, 잘되지 않는 경우에는 사장이 도움을 주거나 제안을 한다.

❺ 물론, 상기의 시책은 간부의 전제 조건을 통과한 간부용이다.

간부의 매니지먼트 능력이 부족하다

사장님은 어떻게 하고 싶어 십니까?

'물론 매니지먼트 능력을 강화하고 싶습니다'

그렇군요. 그런데 사장님이 생각하는 매니지먼트의 정의는 무엇입니까?

'음, 글쎄요. '부하를 움직여서 성과를 낸다' 같은데요?'

그렇군요, 알기 쉬운 정의입니다. 그러나 실천하기는 쉽지 않겠군요.

'그거 그래요. 매일 같이 도전하는 거죠.'

사장님, 간부가 매니지먼트 능력을 강화하여 부문의 성과를 내기 위해서 해야 할 일이 많을 것 같은데, 굳이 크게 두 가지로 종합한다면 뭐라고 생각하십니까?

'네? 두 가지요? 뭘까요? '칭찬하기'와 '꾸짖기' 아닐까요?'

그렇군요, 그렇게 생각하셨군요. 두 가지 모두 중요합니다만, 아쉽게도 아닙니다.

'틀렸군요. 아! 하나는 알았습니다. '부하의 의욕을 이끌어낸다' 아닌가요?'

네! 정답입니다. 다른 하나는요?

'글쎄요?'

부하에게 의욕이 생기면, 부문의 성과는 올라갈까요?

'아니요, 의욕만으로는 부족합니다. 아! 그렇군요. '부하가 성과를 낼 수 있도록 능력을 키우게 만든다' 아닌가요?'

네! 정답입니다. 부하 전원에게 의욕이 생기고 성과를 낼 수 있는 능력을 키운다면, 부문의 성과는 반드시 올라갑니다.

'그건 그렇겠군요. 하나만으로는 안되겠지만, 둘 다 있으면 잘 되겠군요.'

맞습니다. 그러면 간부의 매니지먼트 실천만으로 '부하 전원에게 의욕이 생기고 성과를 낼 수 있는 능력을 키우게 만드는' 것이 실현될 수 있다고 생각하십니까?

'회사의 제도도 필요하지 않을까요? 예를 들어, 인재 육성 제도나 조직 활성화 제도 같은 거 말입니다'

네, 그 두 가지 제도는 필요합니다. 또 있습니까?

'글쎄요, 또 있을까요?'

사장님, 사원의 의욕을 저하시키지 않기 위한 제도도 있지 않을까요?

'의욕을 저하시키지 않는다면 대우겠군요. 간부가 아무리 노력해서 사원의 의욕을 높이려고 해도, 급여가 너무 적으면 사원의 의욕이 떨어지겠죠.'

그렇습니다. 사원의 의욕을 떨어뜨리지 않기 위해서도 실적을 향상시키고, 80% 만족할 수 있는 대우와 직장 환경 정비, 인사 평가 제도의 구축과 개선이 필요합니다.

사장님과 관련된 것은 어떻습니까?

'네? 저와 관련된 것 말입니까? 음, 당연히 사원으로부터의 존경과 신뢰를 받고 있다는 것이 전제가 아닐까요?'

맞습니다. 사장님 스스로가 사원으로부터 존경과 신뢰를 받지 못한다면, 간부가 아무리 열심히 노력해도 역부족입니다.

'그건 그렇군요. 제가 통과했으니, 다음은 간부가 통과할 차례군요. 소장님이 좋아하는 간부의 전제 조건을 간부가 통과하지 못한다면 위험할 거예요.'

사장님, 감사합니다. 그렇지 않아도 질문을 하려고 생각하고 있었습니다. 지겨우실지 모르지만, 매우 중요한 사항입니다. 간부의 전제조건을 통과하지 못한다면, 사장님과 잘 지낼 수 없을 것이고 부하의 의욕만 떨어뜨릴 뿐입니다.

 사장님과 간부가 하나가 되어 사원들의 신뢰를 잃지 않고, 회사 구조가 사원의 의욕 향상과 육성을 뒷받침할 것. 여기까지 기반이 정비된다면, 남은 것은 간부의 매니지먼트 능력뿐입니다.

 '그렇군요, 의외로 여러 가지가 있네요.'

 간부의 매니지먼트 능력을 강화하는 데 있어서, 다음에 제시하는 사장님의 매니지먼트에 대한 생각(지침)이나 간부가 해야 하는 일을 가장 먼저 가시화할 필요가 있습니다.

　[간부의 인격을 향상시킨다]

　　→ 예: 부하에게 애정을 갖는다, 겸허하다

　[부하의 의욕을 향상시킨다]

　　→ 예: 부하의 이야기를 경청한다. 칭찬: 꾸중 = 4 : 1

　[부하가 성과를 낼 수 있는 능력을 기르게 만든다]

　　→ 예: 부하의 강점을 더 끌어올리고, 주체적으로 성장하게 한다

 사장님, 이러한 생각(지침)을 가시화하고 있습니까?(두 가지 답변)

 '① (부정)아니요, 입으로는 간부에게 자주 말하지만, 가시화는 하고 있지 않습니다.'

 그렇군요, 그러면 이번 기회에 가시화를 시도해보는 게 어떻습니까? 참고로 고민 12의 그림 11 '매니지먼트 실천에 필요한 능력'에 상

간부에게도 말할 수없는 사장의 고민 해결

사가 갖추어야 할 능력의 전체 상관도를 제시하고 있습니다.

'그렇군요, 해보겠습니다.'

'② (긍정)우리 회사는 얼마 전에 가시화했습니다. 이미 간부에게도 설명했습니다'

대단하군요. 그러면 그것을 토대로 사장님과 간부가 매니지먼트 능력을 진단해주십시오.

간부가 못했던 항목에서부터 간부의 매니지먼트 능력 강화 프로그램이 시작됩니다.

'알겠습니다, 바로 진단해보겠습니다.'

매니지먼트 능력 강화에 따른 개별 주제(부하에게 의욕을 갖도록 이끌지 못한다 등)의 고민 해결책은 고민 28 이후를 읽어주십시오.

해법

❶ 먼저 사장이 생각하는 매니지먼트의 정의에 입각하여 매니지먼트에 대한 생각(지침)을 가시화한다.

❷ ❶의 생각(지침)을 활용하여, 사장과 간부가 매니지먼트 능력을 진단한다.

❸ ❷의 진단 결과를 통하여 간부에게 부족했던 사항을 강화시켜 나아간다.

❹ ❶부터 ❸을 실천하면서, 간부의 매니지먼트 강화가 제대로 이루어질 수 있는 기반을 만들어간다.

해법

Ⓐ 인재 육성과 조직 활성화 제도 구축 또는 개선

Ⓑ 사원의 의욕을 떨어뜨리지 않기 위해 적절한 대우
및 직장환경정비, 인사평가제도 구축 또는 개량

Ⓒ 사장의 인격 향상

❺ 물론, 이러한 시책은 간부의 전제 조건을 통과한 간부
용입니다.

간부에게도 말할 수없는 사장의 고민 해결

간부가 부하로부터
신뢰받지 못하고 있다

간부가 부하로부터 신뢰받지 못하고 있습니까? 그건 큰일이군요.
사장님은 어떻게 하고 싶습니까?

'경질하는 수밖에 없지 않을까 생각하고 있습니다만……'
그렇습니까? 경질 말입니까? 그 방법밖에 없을까요?

'음, 글쎄요. 어떻게든 본인을 변화시키고 싶은데 힘들까요?'
그렇군요, 사장님의 마음은 잘 알겠습니다. 본인이 바뀌는 게 가장
좋겠군요.
'그렇습니다. 그렇게 해준다면 기쁠 것 같은데 말이죠'

사장님, 그 간부에게 상사 일을 계속 맡길 경우, 부하는 어떻게 생각
할까요?
'상사를 신뢰하고 있지 않으니까 좋게 생각하지는 않겠지요?'
그렇겠죠. 부하는 좋게 생각하지 않겠지요. 그러면 사장님의 결정

에는 위험이 따르는 것 아닙니까?

'리스크가 따른다는 거군요……. 부하의 의욕 저하, 최악의 경우에는 부하가 퇴직을 한다? 그럴 가능성이 있겠어요.'

충분히 있을 수 있다고 생각합니다. 더 심하게는 그런 사람을 상사로 앉힌 사장님에 대한 신뢰마저 사라질지도 모릅니다.

'네? 저에 대한 신뢰가요? 그건 곤란해요. 역시 부하의 신뢰를 잃은 상사는 강등시키는 편이 좋을까요?'

1/3 이상의 부하에게 신뢰를 잃었다면 그렇게 해야 합니다.

'1/3이요? 그럴 수도 있겠군요. 강등한 다음에는 어떻게 하는 게 좋을까요?'

먼저 스스로가 깨닫게 만들어야 합니다. 부하에게 신뢰를 잃게 만든 자신의 언행에 대해서 사장님이 부하에게 물어보고, 그 내용을 상사 본인에게 알려주어 반성하게 합니다.

'그렇군요, 역시 부하에게 직접 묻는 게 좋군요.'

그렇습니다. 추상적인 이야기보다는 구체적인 이야기가 훨씬 설득력이 있습니다. 본인에게 전달할 때는, 우선 그 사람의 좋았던 점을 칭찬하고, 잘해낸 일을 인정해 줍니다. 그 다음에 왜 부하로부터 신뢰를 잃었는지, 부하에게 들은 구체적인 이야기를 알려주고, 개선할 점을 말해줍니다.

'칭찬을 한 다음 깨닫게 만드는 건가요?'

네, 그렇게 하면 본인도 듣고 싶은 마음이 생기고 효과도 있습니다.

다음으로 본인의 의사를 물어주십시오.

'본인의 의사요?'

한번 더 상사를 하고 싶은지에 대한 의사입니다.

'그렇군요, 하고 싶다면 개선을 하라는 말이네요.'

사장님, 바로 그겁니다. 본인이 한 번 더 하고 싶다면 개선하도록 합니다. 부하로부터 신뢰를 잃게 만든 언행을 되풀이하는지 여부를 매일 되돌아보게 합니다. 고민 04의 그림 3 '반성 노트'를 활용해 주십시오.

'그렇군요. 매일 되돌아보는 게 좋겠군요'

네, 무심코 저지를 수 있기 때문에, 매일 되돌아보는 것이 중요합니다.

'알겠습니다. 그렇게 시키겠습니다. 개선이 되면 다시 한번 상사자리에 앉혀 도전하게 하겠습니다.'

해법

❶ 신뢰를 잃은 부하의 수가 1/3 이상이면, 본인을 경질한다.

❷ 경질한 다음에는 부하에게서 직접 들은 본인의 좋지 않은 언행을 본인에게 알려주어 자각하게 만든다

❸ 다시 상사를 하겠다는 의사가 본인에게 있을 경우, 신뢰를 잃게 만든 언행을 하지 않도록, 그림 3의 '반성 노트'를 활용하여 매일 되돌아보게 한다.

해법

❹ 개선이 이루어지면, 다시 상사 자리에 앉혀 매니지먼트에 도전하게 한다.

❺ 물론, 사장의 양보할 수 없는 이상과 철학에 동의하는 간부에 한한다.

간부에게도 말할 수없는 사장의 고민 해결

간부가 부하를
제대로 육성하지 못한다

사장님, 부하를 제대로 육성하지 못하는 간부에 대해 어떤 노력을 하고 있습니까?

'계획적으로 OJT(*주:on-the-job-traning:직장내 훈련)를 하거나 아침 학습회 등 여러 가지로 노력은 하고 있는데 노력에 비해 효과가 나지 않습니다.'

그렇군요, 노력하고 있는데 안타깝군요. 왜 효과가 나지 않을까요?

'…… 음, 크게 세 가지입니다. 간부는 ①부하에 대한 의욕이 없고 ② 부하 육성에 대한 열의도 없으며 ③ 부하를 육성할 능력이 없다 입니다.'

그렇군요, 이 세 가지는 흔히 볼 수 있는 원인입니다. 먼저 ①의 '부하에 대한 의욕이 없다'에 관한 내용은 고민 30에서 해결책을 소개하고 여기에서는 넘어가겠습니다.

다음으로, ②의 '간부에게 부하 육성에 대한 열의가 없다'인데 이것은 큰 문제입니다.

'그렇습니다. 부하 입장에서 보면 큰 피해죠.'

맞습니다. 부하는 곤란해 하겠군요. 사장님, 어떻게 하시겠습니까?

'간부의 이야기를 조용히 들어보고, 부하 육성에 열의가 없는 원인을 파악하는 것에서부터 시작해야겠죠.'

네, 맞습니다. 파악한 다음에는 어떻게 하시겠습니까?

'아무리 육성을 해도 부하가 성장을 하지 않아 포기한 경우라면, 나도 협력할 테니 포기하지 말고 함께 해보자고 용기를 주면 좋을 것 같습니다.'

그렇군요. 사장님의 열의가 포인트가 되겠군요.

'상사로서의 열의가 사라진 것이 명백한 경우에는 강등시킬 수 밖에 없겠죠.'

그렇습니다, 간부의 전제 조건에서 몇 번이고 말했습니다만, 열의가 없는 사람이 상사라는 것은 부하에게 있어서는 비극입니다. 사장님이 결단을 내리는 게 좋을 것 같습니다.

그러면 다음은 ③의 '간부에게 부하 육성 능력이 없다'입니다. 사장님 어떤 방법으로 육성 능력을 키우는 것이 좋다고 생각하십니까?

'글쎄요. 이것도 쉽게 해결할 수 있는 주제가 아니군요.'

쉽지는 않습니다. 사장님 이것은 잘 관찰해야 합니다.

먼저 간부의 부하 육성이 제대로 이루어지기 위한 대전제를 소개하 겠습니다. 이 대전제를 통과하지 못하면, 간부가 아무리 부하 육성에 열심이어도 별로 효과가 나지 않습니다. 그것은 '간부 본인이 관리 가 능한 것'과 '관리 불가능한 것', 두 가지가 입니다. 고민 27에서도 몇 가지 소개했습니다만, 여기서 다시 정리해 보겠습니다. 개별 진단과 해설은 고민 30에서 준비했습니다.

[간부의 부하 육성이 제대로 이루어지기 위한 대전제]

① 사장의 양보할 수 없는 이상과 철학에 대한 전원의 동조

• 기업 이념(회사는 무엇을 위하여 존재하는지)

• 사장의 생각(행동 지침)에 모든 간부와 사원이 동의하는지

② 사장과 간부가 사원의 신뢰를 잃지 않는다.

사장과 모든 간부가 사원의 신뢰를 잃을만한 언행을 하지 않아야 한다.

③ 간부의 개인 능력

모든 간부가 개인으로서는 일을 잘한다.

④ 회사 미래에 대한 두려움이 없다.(안도감)

현 시점에서 회사의 미래는 안심이다.

⑤ 사원의 의욕을 저하시키지 않는 제도적 장치

사원의 의욕을 저하시킬만한 인사평가제도는 없어야 한다.

80% 만족할 수 있는 대우와 직장환경을 정비하고 있다.

'소장님, 꽤 많네요?'

네, 모두 해결하지 못하면 부하는 성장하기 어렵습니다. 인재 육성이라는 것은 상사의 노력만으로 이루어질 수 있을 만큼 간단한 것이 아닙니다. 종합예술작품 같은 것이라고나 할까요? 회사, 사장, 간부, 제도, 이 모든 것이 잘 이루어질 때 훌륭한 인재가 성장합니다.

'네, 그렇군요. 그래서 시간도 걸리는 거군요.'

맞습니다.

그러면 회사로서의 대전제를 해결했습니다. 부하 육성에 대한 열의가 있는 간부도 있습니다. 하지만 간부의 육성 능력이 부족합니다. 사장님, 드디어 주요 과제입니다. 이러한 간부가 부하 육성에 성공하는 데 있어 가장 중요한 것은 무엇이라고 생각하십니까?

'음, 글쎄요'

사장님, '○○'보다 '○○'입니다.

'○○보다 ○○이요? 프로세스보다 결과?'

사장님, 빠르십니다. 네, 그렇게 생각하셨군요. 결과가 중요한 것은 사실입니다만, 글자 수가 맞지 않네요…….

'아! 그렇군요. 두 글자네요. 알았습니다! 교육보다 자습인가요?'

오! 99점입니다. 의미는 거의 맞습니다만, 간부의 마음에 와 닿는 메시지로 만들어주십시오. 둘 다 같은 한자가 들어갑니다.

'간부의 마음에 와 닿아요? 같은 한자? 아! '육성'보다 '성장'인가요?'

정답입니다. 상사가 부하 육성에 열심이다 보면, 아무래도 자신이 육성하고 있다는 의식이 강해져서 부하에게 여러 가지를 가르치게 됩니다. 안타깝게도 '누군가로부터 배운 것'은 잊어버립니다. 하지만 '스스로 알아낸 것'은 잊지 않습니다. 참된 교육은 자기 계발입니다.

'그렇겠네요. 다들 누군가로부터 배운 것 보다는 자신의 경험을 통해서 배우니까요'

그렇습니다. 그러니까 상사로서 평소의 업무를 통해 부하가 알아낼 수 있게 만들어주는 것이 포인트입니다. 여기에서 '스스로 생각하는 훈련'을 소개하겠습니다.

'스스로 생각하는 훈련이요? 왠지 중요할 것 같은 느낌이 드네요.'

사장님, 여기서 부하 육성에 대해 고민하고 있다는 그 간부를 떠올리면서, 다음 두 가지 질문에 대답해 주십시오.

'네, 알겠습니다.'

질문 1 간부는 부하에게 질문을 받으면 어떻게 하고 있습니까?
[① 바로 질문에 대답한다 / ② 부하에게 질문한다]
질문 2 간부가 부하에게 질문할 때 어떻게 하고 있습니까?
[① 나는 이렇게 생각하는데, ○○는 어떻게 생각합니까? / ② ○○의 의견을 듣고 싶습니다]

사장님, 어떻습니까?

'둘 다 ①인 것 같아요.'

그렇습니까? 아쉽군요. 부하가 '스스로 생각하는 훈련'을 하게 만드는 방법이 아닙니다. 간부가 이런 것을 반 년 이상 지속하면, 부하에게는 '사고가 정지되는 병'에 걸립니다.

여기에서 간단한 방법 두 가지를 소개하겠습니다.

① ○○(씨)는 어떻게 생각해요?

부하에게 질문을 받으면 답을 가르쳐주지 않고, "○○(씨)는 어떻게 생각해요?"라고 되물어 부하가 생각을 하게 만듭니다.

② ○○(씨)의 의견을 들려줘요.

부하에게 질문을 하고 싶을 때는 상사는 자기 생각을 말하지 않고, "○○(씨)의 의견을 들려줘요"라고 말하여 부하가 생각을 하게 만듭니다. 상사의 생각에 찬성인지 반대인지를 말하는 것은 스스로 답을 생각하는 것보다 쉽습니다.

'쉽게 할 수 있을 것 같은 방법이군요. 바로 간부에게 적용해 보겠습니다'

상사와 부하의 대화를 바꾸는 것만으로 부하가 '스스로 생각하는 훈련'을 하루에 몇 번이나 할 수 있습니다. 이것을 1주일, 1달, 3달 계속해 나가면 부하는 알아서 계속하게 되고 성장해나갑니다. 이것이 바로 '육성'보다 '성장'입니다.

'소장님, '스스로 생각하는 훈련'이 뭔지는 알겠는데, 이것만 있으면 되는 겁니까?'

사장님은 어떻게 생각합니까?

'바로 되물으시네요! 충분하지 않다고 생각합니다. 평소의 '스스로 생각하는 훈련'은 기초연습 같은 것이기 때문에, 실전연습도 필요합니다. 그리고 무엇을 목표로 연습하고 있는지를 명확히 할 필요도 있습니다.'

네, 사장님 바로 그겁니다. 먼저 목표점의 설정, 즉, 장래에 어떤 인재가 되고 싶은지를 부하가 설정하게 만드는 것이 중요합니다. 사장님 회사에서는 부하의 미래상을 어떻게 설정하고 있습니까?

'네, 1년에 한 번, 상사가 부하와 면담하여, 1년 후 어떻게 되고 싶은가를 설정하고 있습니다. 하지만 면담이 끝나면 그다지 목표점으로 활용하고 있는 것 같지 않습니다.'

안타깝군요. 1년 후부터 6개월 후 → 3개월 후 → 1개월 후 → 1주일 후라고 역산하여, '이렇게 되고 싶다', '이런 것을 할 수 있다'와 같은 내용을 설정해 나아간다면 연습에도 박차를 가할 겁니다.

'그래요. 당연하다고 생각되는 일이지만, 의외로 하기 힘든 일이군요'

그렇습니다. 꼭 해보십시오. 사장님, 목표점이 설정되면, 목표점을 향해 성장해 나가는 것뿐입니다. 간부가 부하를 제대로 키울 수 있는 비결이 무엇이라고 생각하십니까?

'키울 수 있는 비결이요? 글쎄요, 뭘까요?'

참고로 사장님이 고민하고 있는 간부는 어떤 방법으로 부하를 키우려고 하고 있습니까?

'우리 간부는 부하가 하지 못하는 것을 개선시켜 키우려고 하고 있습니다'

그렇습니까, 단점을 시정하게 만드는 방법이군요. 그것이 효과가 있습니까?

'안타깝게도 그다지 효과가 나지 않은 걸 보면 좋지 않은 방법인 것 같습니다'

그렇군요. 이토 히로부미, 다카스기 신사쿠 등 메이지 유신을 추진한 인물을 많이 키워낸 요시다 쇼인의 비결은 '장점을 키운다'입니다.

'장점을 키우는 거군요. 우리 간부는 거꾸로 하고 있었어요.'

스타를 만드는 명인이자, 오키나와 액터즈 스쿨의 마키노 마사유키 씨도 스타 지망생의 장점을 찾아, 인정해주고, 이끌어냄으로써 수많은 스타를 육성했다고 합니다.

'그렇군요, 하지만 소장님, 상사라는 위치에 있다 보면, 아무래도 결점이나 잘 못하는 것만 눈에 띕니다. 우리 간부도 그렇지만, 부하의 장점을 찾으라고 시켜도, "사장님, 제 부하한테는 장점이 없습니다!"라고 대답할 거예요.'

그런 이야기는 자주 듣습니다. 그렇다면 어떻게 해야 할까요?

여기에서 장점을 찾아내지 못하는 간부를 위한 두 가지 방법을 소개하겠습니다.

① '고맙습니다'를 통하여 발견!

부하의 장점을 찾지 못하는 상사는 의외로 부하를 관찰하고 있지 않은 경우가 많습니다. 그러므로, 먼저 부하에게 항상 '고맙습니다'라고 말하는 습관을 길러주십시오. '고맙습니다'라고 말하기 위해서는 부하를 관찰해야 합니다. 그러면 부하의 칭찬거리와 장점이 조금씩 보이게 됩니다.

② 자랑을 듣는 모임

정기적으로 개최하는 부문회의의 시간을 10분 정도 사용하여, '자랑을 듣는 모임'을 갖게 해주십시오. 처음에는 상사가 "오늘부터 '자랑을 듣는 모임'을 갖겠습니다. 주변 동료나 저에게 자랑할 거리가 있으면 말해주십시오. 그러면 순서대로 부탁합니다"라는 말만 하면 됩니다. 그 다음은 부하가 이야기하는 자랑거리를 들으면서, 부하의 좋은 부분을 찾아주십시오.

| 그림 20 스스로 성장하는 사이클 |

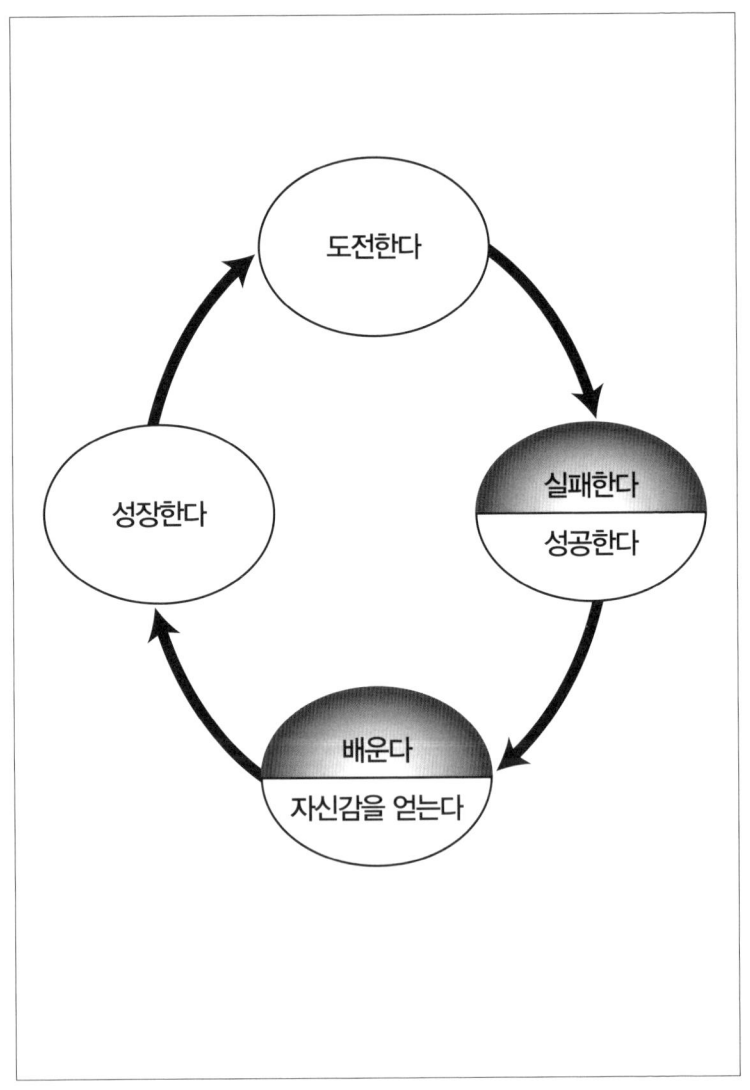

• 간부에게도 말할 수 없는 사장의 고민 해결

'이것도 쉽게 할 수 있는 방법이군요. 바로 간부에게 적용해 보겠습니다'

장점을 찾아 이끌어 냈다면, 이제 마지막으로 남은 것은 실전 연습입니다. 사장님께 소개하고 싶은 것은 '스스로 성장하는 사이클'입니다.

네? '스스로 성장하는 사이클'이요? 좀 전에 나온 '스스로 생각하는 훈련'과 비슷하군요.

네, 상사가 육성하는 것이 아니라, 부하가 스스로 성장하기 위한 사이클입니다. 상사는 이 사이클이 제대로 돌아가도록 돕습니다. 다음과 같은 사이클이 됩니다.

[도전한다 → 실패한다 → 배운다 → 성장한다 → 도전한다 → 성공한다 → 자신감을 얻는다 → 성장한다]

'뭡니까? 당연한 사이클이잖아요!'

네, 그렇습니다. 아주 평범한 사이클입니다. 사장님이 고민하고 있는 간부는 부하에게 첫 번째 노선을 시키고 있습니까?

'아니요, 그다지 도전을 시키고 있지 않습니다. 어려울 것 같은 업무는 부하에게 맡기지 않고 자기가 하고 있더군요.'

그렇군요, 흔히 볼 수 있는 패턴입니다. 그러면 부하는 실패도, 성공도 하지 못하고, 배우는 것도 없기 때문에 성장하지 못합니다. 여기에서 중요한 것은 어떤 도전을 시킬 것인가 입니다.

'그렇군요! 먼저 부하의 좋은 점과 강한 부분부터 도전하게 하면 되겠군요!'

사장님, 바로 그겁니다. 나쁜 부분이나 잘 못하는 것은 섣불리 도전하게 할 수 없습니다. 육성을 잘하는 상사는 부하의 장점을 이끌어내어 도전하게 함으로써 성장하게 만듭니다.

해법

❶ 먼저 부하 육성이 제대로 이루어지기 위한 대전제를 정비해 나간다.

Ⓐ 사장의 양보할 수 없는 이상과 철학에 대해 전원이 동조하고 있다.

Ⓑ 사장과 간부가 사원의 신뢰를 잃지 않는다.

Ⓒ 모든 간부가 개인은 일을 잘한다.

Ⓓ 회사의 미래는 안정적이다.

Ⓕ 사원의 의욕을 저하시키는 인사평가제도가 없으며, 80% 만족할 수 있는 대우·직장 환경을 정비하고 있다.

❷ '육성한다'가 아니라 '성장한다'라는 발상으로 키워나간다.

❸ 부하 육성의 목표점을 설정하고, 목표점에 도달하기 위하여 간부가 다음과 같은 일을 실천한다.

Ⓐ 평소 부하에게 '스스로 생각하는 훈련'을 시킨다.

• 부하에게 질문을 받으면 답을 가르쳐주지 말고, "○○(씨)는 어떻게 생각해요?"라고 되묻는다.

• 부하에게 질문을 하고 싶을 때는 자기 생각을 말하지 않고, "○○(씨)의 의견을 들려줘요"라고 말한다.

해법

ⓑ 부하의 장점을 이끌어 낸다(장점을 찾지 못하는 경우에는 다음 방법을 실천한다).
- 언제나 부하에게 "고맙습니다"라고 말하는 습관을 갖는다.
- 정기적으로 개최하는 부문회의 시간 중 10분 정도 '자랑을 듣는 모임'을 만든다.

ⓒ 장점을 찾아냈으면, 부하의 '스스로 성장하는 사이클'이 제대로 돌아갈 수 있도록 돕는다.

도전한다 → 실패한다/성공한다 → 배운다/자신감을 얻는다 → 성장한다

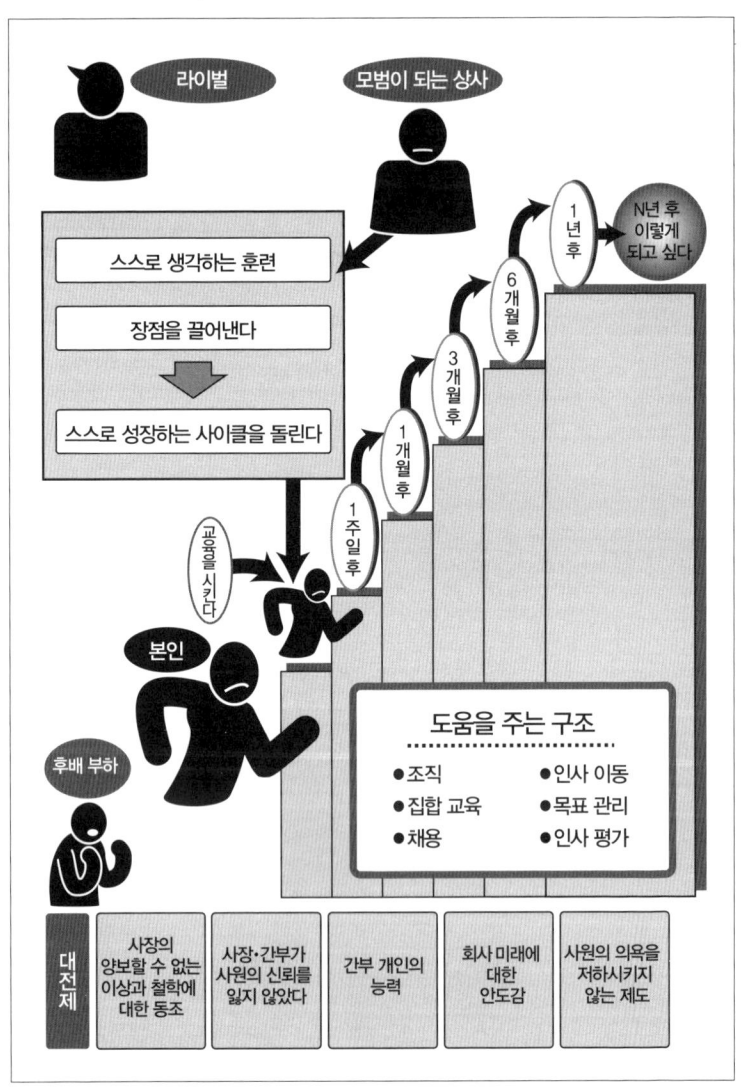

| 그림 21 스스로 성장하는 프로그램 |

라이벌

모범이 되는 상사

스스로 생각하는 훈련

장점을 끌어낸다

스스로 성장하는 사이클을 돌린다

N년 후 이렇게 되고 싶다

1년 후

6개월 후

3개월 후

1개월 후

1주일 후

교육을 시키다

본인

후배 부하

도움을 주는 구조

● 조직 ● 인사 이동
● 집합 교육 ● 목표 관리
● 채용 ● 인사 평가

대전제

사장의 양보할 수 없는 이상과 철학에 대한 동조

사장·간부가 사원의 신뢰를 잃지 않았다

간부 개인의 능력

회사 미래에 대한 안도감

사원의 의욕을 저하시키지 않는 제도

부하를 대상으로 한 매니지먼트 실천

사장의 고민 ⑳

간부가 부하에게
의욕을 불어넣지 못한다

사장님, 간부가 왜 부하에게 의욕을 불어넣지 못하는 겁니까?

'…… 글쎄요? 부하와 간부 모두에게 원인이 있는 것 같습니다.'

그렇습니까? 부하와 간부 모두에게요? 부하가 원인이 되는 것은 어떤 경우입니까?

'애당초 부하에게는 전혀 의욕이 없습니다. 간부가 무엇을 하더라도 아무 반응이 없습니다'

그렇군요, 그런 경우는 간부가 힘들겠군요. 간부가 원인이 되는 것은 어떤 경우입니까?

'간부가 부하의 의욕을 높여주는 것을 잘 못합니다.

잘 못하는군요. 이것 또한 큰일입니다. 의욕을 높이는 능력을 키워야 합니다.

'네, 그렇기는 한데 쉽지가 않습니다.'

그렇습니다. 그런데 사장님 회사에서는 부하의 의욕을 높이기 이전에 부하의 의욕을 꺾고 있지는 않습니까?

'부하의 의욕을 꺾어요? 그러고 보니 조금 전에 나왔네요. 대우가 안 좋아서 사원의 의욕이 사라지는 그런 거 말이죠? 우리 회사는 과연 어떤 진단이 나올까요?'

고민 27과 고민 29에서 소개했습니다. 사장님, 하나하나 꼼꼼히 봐 주십시오. 8개 항목의 진단을 시작해도 되겠습니까?

먼저 회사 관련 진단입니다.

질문 1 회사의 미래에 대해 사원이 불안을 느끼고 있지 않습니까?

질문 2 인사평가의 결과가 아니라, 회사의 인사평가 구조 때문에 의욕을 잃은 사원은 없습니까?

질문 3 사원의 연봉은 80% 만족할만한(업계 평균 연봉보다 조금 높은 연봉) 수준입니까?

질문 4 사내 직장 환경 때문에 의욕을 잃은 사원은 없습니까?

질문 5 사장의 양보할 수 없는 이상과 철학에 동조하지 않는 사원은 없습니까?

사장님, 어떻습니까? 하나라도 YES가 있다면 개선할 필요가 있습니다. 다음의 해결책을 참고해 주십시오.

질문 1의 해결책

① 사원이 회사의 미래 전망이 불투명하다고 느낄 경우, 중기 경영
계획을 작성하고 사장이 사원에게 회사의 장래에 대해 열정적으로 이
야기합니다.

② 회사의 미래 전망이 어두운 경우, 밝게 만들 수 있는 재료를 제
공할 수 있도록 경영적인 노력을 해야 합니다.

③ 현 시점에서 밝게 만들 수 있는 재료가 없더라도, 밝은 미래에
관한 이야기를 사장이 사원들에게 열정적으로 이야기하여, 사원들이
꿈을 가지게 만듭니다.

질문 2의 해결책

① 의욕을 잃게 된 개별적 원인을 파악하여, 그것을 해결합니다.

예 1: 인사평가시트가 없다 → 인사평가제도의 구축

예 2: 인사평가 결과의 피드백이 없다 → 간부가 꼼꼼하게 피드백
    한다

예 3: 평가자가 신뢰받지 못하고 있다 → 평가자 변경

질문 3의 해결책 (질문 4도 동일)

① 매출과 이익을 높여, 80% 만족할만한 연봉까지 올립니다.

② ①을 실현하는 데에 시간이 걸릴 것 같은 경우, 사장이 사원들에
게 "지금은 연봉 수준이 높지 않아 여러분들이 불만을 느끼게 만들고

있지만, 제가 목숨을 걸고 노력하여 반드시 좋아지게 만들겠습니다. 함께 열심히 일합시다. 저를 믿고 따라와 주십시오"라고 말을 합니다.

질문 5의 해결책

① 맞지 않는 사원은 천천히 시간을 들여 교육시킵니다(고민 01 참조).

다음으로 사장님 관련 진단입니다.

질문 6 사장님은 간부나 사원의 신뢰를 잃을 만한 언행을 하고 있지 않습니까?

사장님, YES라면 개선이 필요합니다. 다음 해결책을 참고해 주십시오.

질문 6의 해결책

① 사장이 고민 04의 그림 3 '반성노트'를 활용하여, 매일 반성하여 개선해 나갑니다.

마지막으로 간부 관련 진단입니다.

질문 7 개인적으로 성과를 낼 능력이 없는 간부가 있습니까?

질문 8 간부는 부하의 신뢰를 잃을만한 언행을 하고 있지 않습니까?

(더욱 상세하게 진단을 하고 싶은 경우에는 고민 04 참조)

간부 중 하나라도 YES가 있다면 개선이 필요합니다. 다음 해결책을 참고해주십시오.

질문 7의 해결

① 해당되는 간부의 강등을 검토합니다.

질문 8의 해결

① 해당되는 간부는 고민 04의 그림 3 '반성 노트'를 활용하여, 매일 반성하고 개선해 나갑니다.(고민 04 참조).

8개의 질문을 모두 통과한 회사, NO였던 항목을 모두 개선한 회사의 사원은 의욕을 잃을 일이 없습니다. 남은 것은 제로 상태의 의욕을 플러스로 올리는 것뿐입니다.

부하에게 의욕을 불어넣을 능력이 부족한 간부는 어떻게 해야 할까요? 사장님, 드디어 중심 내용입니다. 이런 간부가 부하의 의욕을 불어넣는데 성공하기 위한 가장 중요한 시책이 무엇이라고 생각하십니까?

…… (잠시 숙고)

'〈칭찬한다〉, 〈인정한다〉 아닌가요? 결국 간부가 부하의 이야기를 차분히 들어주는 것 아닙니까?'

그렇습니다. 그게 중요합니다. 간부가 이야기를 들어주면 부하는 기뻐합니다. 하지만 그 자리에서 업무 자체가 재미없다고 하면 어떻게 하시겠습니까?

'아, 그런 경우도 있겠네요. 그런 경우에는 가능한 한 본인이 하고

싶은 업무를 주면 되지 않을까요?'

그것도 효과가 있는 시책입니다. 하지만 부문 전원이 하고 싶은 일을 할 수 있는 환경을 만드는 것은 대단히 어려울 것입니다.

'그렇습니다. 그렇다면 무엇을 위해 우리가 일을 하는지, 업무에 대한 의의를 부하에게 말하면 되지 않을까요?'

그래요, 그렇게까지 한다면 사원들도 의욕을 가지겠네요. 부하의 이야기를 듣거나, 하고 싶은 일을 주거나, 업무의 의의를 공유하면 부하는 의욕을 가지게 됩니다. 그런데 그런 노력을 늘 하지 않더라도 부하들이 의욕을 가지게 만들 수 있는 시책이 있습니다.

그것은 '모두의 ○○이 ○○가 된다'입니다.

사장님, 무엇이라고 생각하십니까?

'또 ○○ 퀴즈인가요? 글쎄, 뭘까요? 아! 알았습니다. 월급이 올라간다 아닌가요?'

사장님, 급여 말입니까? 그렇군요, 급여가 오르는 것도 중요하겠지만, 사장님, ○○의 뒤를 잘 봐주십시오. '월급이 올라가 된다'가 되어버립니다. 아쉽지만 아닙니다.

'그렇군요. 틀렸네요. 그러면 이거 아닙니까? 능력이 최고가 된다?'

사장님 이번에는 성장을 말씀하시는군요. 모두의 능력이 최고가 되면 대단하겠지요. 하지만 이것도 아닙니다.

'정말 맞추기 힘들군요. 급여도 성장도 아니라면 뭘까요? 아, 알았다! 사원의 마음이군요. '모두의 마음이 …… 아, 하나가 된다'군요?'

사장님, 정답입니다. 모두의 마음이 하나가 되면, 그것만으로 기쁘고 즐겁습니다. 올림픽이나 월드컵에서 국민 전체가 자국을 응원하고 있을 때나 축제 때도 그렇습니다. 모두의 마음이 하나가 되면 그것만으로도 가슴이 설렙니다.

'소장님, 정말 그러네요. 사람의 마음이 하나가 된다는 것은 중요하군요.'

네, 그러기 위해서는 사장님의 양보할 수 없는 이상과 철학에 전원이 동의하는 회사로 만들어가야 합니다. 기업 이념이나 사장님의 생각(행동 지침)을 전원이 동조하고 실천하는 회사는 간부가 부하에게 의욕을 불어넣기 위해서 깊이 고민할 일이 없습니다. 부하의 이야기를 찬찬히 들어주거나 업무의 의의를 부하에게 이야기하는 등, 간부가 부하에게 의욕을 불어넣기 위해 노력하는 것은 당연히 필요하지만, 모두의 마음이 하나가 되는 회사를 만들기 위해 사장님이 확실히 진행해나가는 것이 그 이상으로 중요한 일입니다.

해법

❶ 먼저 사원의 의욕을 잃게 하는 다음과 같은 것을 없앤다.

Ⓐ 회사의 미래에 대해 사원이 불안을 느끼고 있다.

Ⓑ 인사평가의 결과가 아니라, 회사의 인사평가 구조 때문에 의욕을 잃는다.

Ⓒ 사원의 연봉은 80% 만족할만한(업계 평균 연봉보다 조금 높은 연봉) 수준이 아니다.

Ⓓ 사내 직장 환경 때문에 의욕을 잃는다.

Ⓕ 사장의 양보할 수 없는 이상과 철학에 동조하고 있지 않다.

ⓖ 사장이 간부나 사원의 신뢰를 잃을만한 행동을 하고 있다.

ⓗ 개인 성과를 낼 능력이 없는 간부가 있다.

ⓘ 간부가 부하의 신뢰를 잃을만한 행동을 하고 있다.

❷ 다음으로, 간부가 부하의 의욕을 불어넣기 위해 다음과 같은 시책을 실시한다.

Ⓐ 부하를 칭찬하고 인정한다.

Ⓑ 부하의 이야기를 차분히 듣는다.

Ⓒ 부하에게 하고 싶은 업무를 하게 한다.

Ⓓ 부하와 업무의 의의를 공유한다.

❷와 같은 간부의 노력도 중요하지만, 사장님이 모든 사원의 마음을 하나가 되는 회사로 만들어가는 것이 그것 이상으로 중요합니다.

제7장

간부의 성장과
사장의 기대에 부응하는
것은?

최근 간부가
전혀 성장을 하지 않고 있다

자주 듣는 고민입니다. 사장님은 어떻게 하고 싶습니까?

'그야, 당연히 성장해주었으면 하죠.'

그렇습니까? 그런데 사장님, 성장하도록 만들 필요가 있습니까?

'네? 왜 그런 걸 묻는 거죠?'

아니, 간부인데 성장하고 있지 않다는 것을 보니, 사장님의 양보할 수 없는 이상과 철학에 동조하고 있지 않은 간부라는 생각이 들어서요. 그렇다면 그만두게 하는 편이 낫지 않을까요?

'제가 볼 때에는 저의 이상과 철학에는 동의한다고 봅니다.'

그렇습니까? 그렇다면 간부로서의 열의가 부족한 것 아닙니까? 부족하다면 강등이 아닌가요?

'아니요, 나름대로 열의도 가지고 있어요.

네? 그런데 성장하지 않고 있나요? 큰일 아닙니까, 그 간부?

'네, 그래요. 간부가 되었을 당시에는 성장하고 있었는데, 최근 들어 현재 상태에 안주하고 있어서 큰일입니다'

그렇군요. 그 간부는 이른바 적당한 범위 안에서 안주하는 거군요. 요시모토 프로덕션(주: 일본의 유명 연예 프로덕션)의 연예인으로 말하자면, 연봉 1억 엔 이상을 버는 스타가 아니라 가끔씩 텔레비전에 출연하여 많지는 않지만 나름대로 수입을 버는 연예인과 같은 거죠.

'바로 그겁니다'

본인이 바뀌지 않으면 안되겠군요?

'그래요, 그게 중요해요. 하지만 그 간부한테는 상당히 엄격하게 대하기도 해요.'

오, 사장님 스파르타식이군요. 사장님이 그렇게까지 하는데도 좀처럼 바뀌지 않고, 성장도 하지 않는 겁니까? 고치기 힘들 정도로 정착이 된 모양이군요.

'네, 그런 것 같아요.'

참고로 본인 이외의 원인은 없습니까?

'본인 이외요? 왜요?'

보통 '부하는 간부의 거울'이라고 합니다. 그런 의미에서 '간부는 사장의 거울'이니까 혹시 사장님에게 원인이 있는 건가 생각해 봤습니다. 실례지만 최근 들어 사장님이 성장을 멈춘 것은 아닙니까?

'음……사실, 바빠 움직이다 보니 저 스스로의 노력이 부족해진 것 같습니다.'

그렇습니까? 그러면 사장님 성장부터 시작해야겠군요.

'그렇군요, 먼저 저부터 성장해야 한다는 거죠?'

사장님이 변하면 간부도 변할 것이라고 생각합니다만, 간부의 성장을 위한 장은 있습니까?

'네, 간부의 성장에는 혹독한 경쟁의 장이 필요합니다. 그래서 그 간부에게도 조금 가혹한 목표와 함께 경쟁의 장을 제공하고 있습니다. 그럼에도 불구하고 성장이 멈추어 있습니다.'

아, 그렇군요. 사장님이 엄격하게 대하고, 목표와 성장의 장도 있다. 그런데 간부는 성장하지 않는다. 고민이 크겠군요.

'그렇습니다. 그러나 내가 성장해나가고 있으니까 간부도 변화지 않을까요?'

그렇습니다. 그게 좀 크게 좌우할 것 같습니다. 사장님, '목표'보다 '목적'이 아니시겠죠?

'목표'보다 '목적'이라뇨? 그게 뭐죠?'

네, 참고로 사장님의 회사는 무엇을 위해 존재하고 있습니까?

'네? 우리 회사는 고객들에게 기쁨과 감동을 제공하기 위해 존재하고 있습니다'

훌륭한 존재 의의 군요. 사장님, 그 기업 이념을 최근 들어 간부에게 말하고 계십니까?

'아니요, 그러고 보니 별로 말을 하지 않았네요. 간부도 기업 이념에 대한 의식이 낮아져 있겠군요.'

그렇습니까? 사람들은 평소에는 급여를 따라갑니다만, 힘이 들 때는 비전이나 의의를 따라갑니다. 다시 한번 간부에게 사장님 회사의 존재 의의에 대해 말씀하시고, 사장님과 간부가 솔선하여 모범을 보이고 있는지에 대해 의견을 교환하시는 것은 어떻겠습니까?

'그렇군요. 무엇을 위해 일하고 있는지, 무엇을 위해 업무를 하고 있는지에 대해 다시 한번 간부와 이야기를 하겠습니다. 역시 사명감을 가지고 업무에 몰두하는 게 중요하고요.'

해법

❶ 간부는 사장의 양보할 수 없는 이상과 철학에 찬성하고 있어야 한다.

❷ 간부에게 간부로서의 열의가 부족하다면 강등시킨다.

해법

❸ 사장의 성장의지가 멈춘 것이 원인이라면, 사장부터 성장하여 간부의 모범이 되도록 한다.

❹ 간부가 성장을 위한 마인더가 없다면, 사장이 간부에게 긴장감을 제공하여 성장시킨다.

❺ 간부가 사명감 없이 일하고 있는 것이 원인이라면, 다시 한번 사장과 간부가 회사의 존재 의의에 대해 이야기를 나누고, 사장과 간부가 솔선수범하고 있는지 확인한다.

• 간부에게도 말할수 없는 사장의 고민 해결

간부의 성장

사장의 고민 ❷

성장이 멈춘 간부를
경질하려고 한다

경질 말씀이십니까? 이유가 뭡니까?

'그건, 간부가 성장하지 않으면 부하에게 기강이 서지 않고, 다른 간
부에게도 악영향을 끼치기 때문입니다.'

그렇군요. 그렇다면 경질하면 되지 않습니까?

'네? 소장님, 그래도 됩니까?'

사장님, 왜 그러십니까? 뭔가 불안한 점이라도 있습니까?

'뭔가 리스크가 있는 것 같은 생각이 들어서요……'

리스크 말입니까? 어떤 리스크가 있다고 생각하십니까?

'글쎄요, 우선은 제가 간부에게 원망을 살 거고, 경질한 간부의 의욕
이 떨어질 거고, 다른 간부가 위축될 거고, 사원들도 간부가 되고 싶
어하지 않는 것 등이겠죠.'

그렇군요. 사장님, 꽤 많네요.

‘그렇네요. 의외로 많군요.’

그러면 한가지씩 짚어봅시다. 먼저 사장님이 원망을 산다는 리스크 말씀인데, 이건 어쩔 수 없는 것 아닐까요? 간부 본인에게는 안 좋은 일이니까요.

‘네, 그렇네요. 원망을 산다는 리스크는 제가 안고 갈 수 밖에 없겠군요.’

그렇습니다. 단, 간부에게 전할 때 충분한 시간을 가지고, 사장님이 차분하게 간부의 이야기를 들은 다음에 경질 사실을 전달한다면, 원망을 사게 될 리스크는 조금 줄어듭니다.

다음으로, 경질된 간부의 동기부여 저하에 대한 리스크 말씀인데, 사장님은 이 리스크를 줄이기 위해 어떻게 하시겠습니까?

‘역시 내 생각을 간부에게 차분히 전달하는 방법 밖에 없지 않을까요?’

그렇습니다, 그게 가장 좋습니다. 가능하다면 사장님과 간부의 면담은 두 번으로 나눠서 하는 편이 좋지 않을까요?

‘두 번으로 나누다니요?’

네, 첫 번째는 회의실에서 ‘왜 이번에 경질을 하는지, 무엇을 반성하고 개선시켰으면 좋은지, 앞으로의 기대 등‘을 문서로 정리해서 설명해주십시오.

'문서로 정리하라고요? 조금 번거롭네요.'

네, 확실히 번거롭기는 합니다만, 사장님이 투자한 시간 이상의 효과가 있습니다. 간부는 경질을 통보 받는 자리에서는 사장님으로부터 들은 이야기를 거의 기억하지 못합니다.

'그건 그렇겠군요. 화도 날 거고, 낙담하기도 될 거고, 둘 중 어느 쪽이든 들은 말을 잊어버리겠군요.'

그렇습니다. 그러므로 문서에 남겨서 냉정을 되찾았을 때 다시 읽어 보고 반성할 수 있게 해줍니다. 간부의 미래에 대한 사장님의 기대가 문서 안에 적혀있는 간부의 우울한 기분을 대신해 주기도 합니다. 두 번째 미팅은 회식을 추천합니다.

'그렇군요. 맛있는 것을 먹으면서, 미래에 대한 기대를 중심으로 이야기를 해주면 좋겠군요?'

역시 사장님이십니다. 그렇게 하면 좋지 않을까요? 물론 이 정도까지 성의 있는 대처는 사장님의 양보할 수 없는 이상과 철학에 동의하고 있는 간부이기 때문에 하는 것입니다. 동의하지 않는 간부는 대상이 아닙니다.

다음은 다른 간부가 위축된다는 리스크 말씀인데, 사장님은 이 리스크를 어떤 방법으로 줄이고 있습니까?

'어떻게 하면 좋을까요? 역시 내가 다른 간부에게 얘기하는 게 좋

을까요?'

그렇습니다. 간부의 인원이 세 명 이내라면 그렇게 하는 것이 좋겠지만, 네 명 이상인 경우에는 경질 기준을 가시화하여 전 사원 앞에서 설명하는 게 좋습니다.

'네? 모두에게 설명해요?'

네, 그렇게 하면 네 번째 리스크도 함께 줄일 수 있습니다.

'그렇군요. 밀실에서 이루어진 경질로 만들지 않는 거군요?'

그렇습니다. 나아가 모든 사원에게 배부하는 문서에 복직의 기준도 정하여, 개선되면 복직할 수 있는 길이 있다는 것도 전달하는 것이 좋습니다.

해법

❶ 경질 기준을 명확히 하고, 그 기준에 따라 간부를 경질한다.

❷ 물론 사장의 양보할 수 없는 이상과 철학에 동의해야 한다.

❸ 교체되는 간부에게는 다음과 같은 내용을 적은 문서를 주고, 사장과 간부가 이야기를 나눈다.
Ⓐ 경질하는 이유
Ⓑ 반성과 개선하기 바라는 것
Ⓒ 미래에 대한 기대

❹ 면담은 두 번 실시하고, 첫 번째는 회의실에서, 두 번째는 회식을 하면서 사장이 간부에게 미래에 대한 기대를 중심으로 대화를 나눈다.

❺ 다른 간부에게는 사장이 경질 건을 직접 설명합니다.

❻ 단, 간부의 인원이 네 명 이상인 경우에는 경질 기준과 복직 기준을 명문화하여 모든 사원 앞에서 설명한다.

사장의 기대 실현과 부문의 성과

사장의 고민 33

간부가 사장의 생각대로
움직이지 않는다.

제가 지금까지 1만 명 이상의 사장님들에게 들은 간부에 대한 고민 중에 이 고민이 가장 많았습니다. 사장님 입장에서는 정말 화가 날 일이지요.

'그렇습니다. 스트레스가 정말 심합니다.'

간부가 왜 사장님의 생각대로 움직이지 않는 걸까요?

'결국 간부의 의식과 눈높이가 낮아서 아닐까요?'

그렇군요. 의식과 눈높이 말씀입니까? 있을 수 있습니다. 의식에 대해서는 고민08, 고민09, 눈높이에 대해서는 고민49에서 해결책을 소개하였으므로 참고해주십시오.

그런데 사장님의 이상은 간부들에게 충분히 전달되고 있습니까?

'충분하지 않을지도 모릅니다.'

그렇습니까? 사장님과 간부가 이상을 공유하고 있지 않으면 간부는 움직이지 않습니다. 먼저 거기부터입니다.

'저는 충분히 전달하고 있고, 간부와의 공유도 잘하고 있다고 생각합니다'

그렇군요. 제1단계는 통과입니다. 물론 사장님의 양보할 수 없는 이상과 철학에 동의하고 있어야 합니다.

'그 말도 몇 번이고 들었습니다. 그런데 동의하는 간부도 움직이지 않습니다.'

그렇습니까? 왜 그럴까요? 그 간부와 사장님 사이의 신뢰 관계는 어떻습니까?

'글쎄요, 특별히 문제는 없다고 생각합니다.'

그렇군요. 사장님 외람된 말씀이지만, 사장님의 언행을 되돌아보시겠습니까?

회고 1 다른 간부나 사원에게 무의식 중에 생각대로 움직이지 않는 간부의 험담을 한 적은 없는지?

회고 2 사장이 생각한 시책이나 아이디어가 잘 되지 않았을 경우, 간부에게 솔직하게 인정했는지?

회고 3 '사장이 말하고 있는 것'과 '행하고 있는 것'은 언제나 일치하고 있는지?

사장님, 어떻습니까?

'3개 모두 문제 없습니다'

그렇습니까? 실례했습니다. 그러면 다음으로 넘어 가겠습니다..
'소장님, 잠깐만, 유감스럽게도 회고 중 걸리는 부분이 있습니다'

사장님, 그렇습니까? 사실은 저도 과거에 그랬던 적이 있습니다. 지금 다시 되돌아보면, 그런 때에 간부가 제가 하는 말을 듣지 않았습니다. '본의 아니게 실패 → 반드시 반성'하도록 합시다.
'알겠습니다. 먼저 거기서부터 시작해야겠군요.'

여기에서 마쓰시타 고노스케의 메시지를 읽어보시겠습니까?

"옛날 일본에 '머리를 돌리지 않으면 꼬리도 돌지 않는다'라는 말이 있습니다. 그러므로 백 명의 사람을 긴장시키고 크게 성과를 내려고 생각한다면, 당신의 활동을 주변 사람이 볼 때 '불쌍하다'고 여겨질 정도가 되지 않으면 안 될 것입니다.

우리 사장은 정말 열심히 하고 있어, '정말 안쓰러워'라는 마음이 사원들 사이에 생기면 모두가 일치단결하여 일할 것입니다. 하지만 그렇지 않은 한, 당신이 행동하는 정도로만 모든 사람이 움직일 겁니다(웃음). 저는 그렇게 생각합니다. 사람이라는 것은 그런 것입니다"
〈사장이 되려는 사람이 알아야 할 것〉(PHP 종합연구소)

사장님, 어떻습니까?

'그렇군요, '안쓰럽다'까지는 아닐 수 있겠군요. 마쓰시타 고노스케의 말대로 사원뿐만 아니라 간부도 그렇게 생각할 수 있어야 하겠네요. 간부가 사장님을 '안쓰럽다'고 생각하면 알아서 움직일지도 모르겠네요.'

해법

❶ 사장의 양보할 수 없는 이상과 철학에 동의하지 않는 간부는 사장의 생각대로 움직이지 않는다.

❷ 사장의 양보할 수 없는 이상과 철학에 동의하는 간부라면 사장의 생각대로 움직이겠지만, 움직이지 않는 경우에는 간부의 의식이나 눈높이가 낮거나, 사장 자신의 언행이 원인일 수 있다.

❸ 간부의 의식이 낮은 경우에는 고민 8, 고민 9를, 눈높이가 낮은 경우에는 고민 49를 참고한다.

❹ 다음과 같은 사장의 사소한 언행으로 간부와의 신뢰 관계가 좋지 않아, 간부가 생각대로 움직이지 않는 경우도 있다. 주의한다.

 Ⓐ 다른 간부나 사원에게 마음대로 움직이지 않는 간부의 험담을 한다.

 Ⓑ 사장의 시책이나 아이디어가 잘 되지 않았을 경우, 간부에게 솔직하게 인정하지 않는다.

 Ⓒ 사장이 '말하는 것'과 '행동하는 것'이 일치하지 않는다.

❺ 사장이 가장 열심히 움직이고, 간부가 사장을 '안쓰럽다'고 생각하게 되면, 간부는 알아서 움직인다.

사장의 기대 실현과 부문의 성과

사장의 고민 ❸❹

간부가 사장이
시키는 일만 한다

사장님, 간부가 사장님이 시키는 일밖에 하지 않는다는 건 좀 심하지 않습니까? 간부가 사고 정지 상태군요.

'네, 그래요. 미칠 지경입니다!'

왜 그런 사람을 간부로 삼았습니까?

'제가 착각했던 걸까요?'

그렇습니까? 사장님도 실수를 하시는군요. 그러면 강등을 시키시겠습니까?

'아니요, 간부가 막 됐을 때는 그 정도로 심하지 않았습니다.'

그렇군요, 참고로 그 간부는 왜 시키는 일 외에는 하지 않게 되었을까요?

'생각하는 능력이 부족하거나 경영자의 시선으로 판단하지 못하기 때문 아닐까요?'

왜 그렇게 변했나요?

'글쎄요. 결국 간부로서의 자각이 부족하고 의식이 떨어져서 아닐까요?'

그렇습니까? 많은 과제가 있군요.

'그렇습니다'

사장님, 그런 간부에게는 안심하고 업무를 맡길 수 없겠죠?

'네, 그렇습니다'

그러면 앞으로도 그것은 변하지 않겠군요.

'간부가 변화지 않는 한 어려울 것 같습니다.'

사장님 그 간부 정도면 앞으로 괜찮겠습니까?

'아니요, 괜찮지 않습니다.'

그렇군요. 사장님, 참고로 그런 간부는 몇 명 있습니까?

'소장님, 만약 한 명일 경우는 어떻게 합니까?'

한 명이요? 그렇다면 그 간부를 강등시켜서 반성하게 하면 되지 않습니까? 그러면 스스로 생각하는 훈련을 열심히 할 것이고, 잘한다면 복직시키면 됩니다.

'그렇군요, 좋은 방법이네요'

'그런데, 부끄럽게도 그런 간부가 2명 이상은 있어요.'

그래요? 일단 알겠습니다.

시키는 일밖에 하지 않는 간부는 사장님에게 의존하고 있는 것일까요?

'음, 그렇다고 봐야겠죠? 결국 간부가 아무리 열심히 생각해도 회사의 실적은 그렇게 좋아지지 않아요. 내가 생각하면 잘 되기 때문에, 내가 생각하지 않을 수가 없습니다. 그래서 간부는 제 지시대로 움직일 수밖에 없다. 그런 얘기예요'

사장님, 과감하게 사장님이 생각해서 지시하는 것을 그만두는 것은 어떻겠습니까?

'아니요, 소장님. 그럴 수는 없습니다. 실적에 영향을 주니까요.'

그렇습니까? 하지만 그렇게 하면 간부가 스스로 생각하는 환경이 조성되지 않습니다. 사장님이 항상 정답을 생각해준다면 간부는 사장님께 야단을 맞으면서까지 생각하려고 하지 않을 것입니다. 사장님이 지시하지 않으면, 간부는 조금씩 생각을 하게 되고, 성장하지 않을까요?

'그렇게 말해도 실적이 너무 중요해서 어쩔 수가 없어요. 어떻게 하면 좋을까요?'

사장님 세 가지 코스를 제안하겠습니다. 이 중에서 하나를 선택해주십시오.

① 지금대로 코스

② 사장이 변화하는 코스

③ 간부 강등 및 반성 코스

하나씩 설명하겠습니다.

① 지금대로 코스

결론부터 말하자면, 지금대로 가는 것입니다. 현재 상태의 체제를 다른 관점에서 보면, '생각하는 사람 한 명과 지시대로 움직이는 수많은 사람'이라는 최상의 체제입니다. 지극히 효율적이며 효과적인 체제입니다. 생각하는 사람이 사장님 혼자일지라도 당분간 회사가 돌아간다면 많이 생각하지 않고 사장님 지시대로 움직이는 간부는 필요합니다.

② 사장이 변화하는 코스

글자 그대로, 사장님이 변화는 것입니다. 매출 감소의 리스크를 각오하고, 사장님이 아니라 간부가 생각해서 움직이는 체제로 바꾸어 나갑니다. 처음에는 잘 안 되겠지만, 코치 역할인 사장님의 도움과 간부의 도전 정신이 잘 조화를 이룰 경우, 1년 정도 안에 좋아질 수도 있습니다. 간부에게는 궁극적인 성장의 기회가 됩니다.

③ 간부 강등 및 반성 코스

지시대로만 움직이는 간부는 모두 강등시킵니다. 강등시킨 다음에는 각자의 강점을 살릴 수 있는 일을 하면서 스스로 생각하는 훈련을 시작하게 합니다. 물론 생각하는 힘이 생기면 복직도 가능합니다.

사장님, 어떻습니까?

'음, 그렇군요. 곰곰이 생각해보고 결론을 내리겠습니다'

해법

❶ 사장이 시키는 일 이외에 하지 않는 간부가 한 명이라면, 강등시켜 반성하게 하고, 스스로 경영을 생각하는 훈련을 쌓게 합니다.

❷ 그런 간부가 두 명 이상일 경우, 다음의 세 가지 중 하나를 사장이 마음을 굳게 먹고 선택하여 실천합니다.

Ⓐ 사장 한 명이 생각하고, 사장 지시대로 간부가 움직이는 현재 상태의 체제를 받아들이고 그대로 갑니다.

Ⓑ 사장이 변화하여, 사장이 아닌 간부가 생각해서 움직이는 체제로 합니다.

Ⓒ 간부 전원을 강등시키고 반성하게 하여, 스스로 경영을 생각하는 훈련을 시킵니다.

❸ 물론 사장의 양보할 수 없는 이상과 철학에 동의하지 않는 간부는 제외입니다.

간부가 부문 목표를
달성하지 못한다

사장님, 이건 큰일이군요.

'그렇습니다. 회사 전체의 목표 달성에도 영향이 있기 때문에 어떻게든 실현하고 싶습니다.'

부문 목표 달성은 간부의 기본입니다. 사장님, 왜 달성하지 못하는 것입니까?

'글쎄요. 원인은 여러 가지가 있는 것 같아요.'

그렇습니다. 목표 미달의 원인은 여러 가지가 있습니다. 물론 간부의 전제 조건(고민 13 참조)을 통과하지 못한 간부이거나, 사장님의 양보할 수 없는 이상과 철학에 동의하지 않는 간부일 것입니다.

왜 목표 달성을 못했는지 분석하여 진정한 원인을 파악하지 않으면 목표는 달성할 수 없습니다.

사장님은 원인을 분석할 때, 어떤 프레임워크를 활용하고 있습니까?

글쎄요, 목표니까 'PDCA(Plan-Do-Check-Action)'는 활용하고 있어

요. 그리고 간부의 매니지먼트 능력 부족도 자주 원인이 되기 때문에 '매니지먼트에 필요한 요소'도 사용하고 있죠.

'매니지먼트에 필요한 요소'가 뭡니까?

'칭찬하고, 꾸중하고, 육성하고, 부하의 이야기를 듣는 등, 매니지먼트에 필요한 요소를 7가지 정도 설정해서, 하나하나가 원인이 되고 있는지 여부를 확인하고 있습니다.'

아, 그거 좋은 방법이군요. 사장님, 저도 하나 소개해도 되겠습니까?

저는 프레임워크를 '새의 눈'과 '개미의 눈'이라는 두 가지로 나누고 있습니다.

새의 눈은 '목표, 본인, 사장, 회사'입니다. 간부가 부문 목표를 달성하지 못하는 것은 간부의 매니지먼트 능력이 부족하기 때문이므로, 그것을 해결하는 것이 중요하다고 하지만, 목적 그 자체가 너무 빡빡하면 달성을 할 수가 없고, 공평한 목표가 설정되지 않는다면 달성하려는 마음이 생기지 않습니다.

사장님의 언행으로 인하여, 사장님이 간부로부터 신뢰를 잃게 되면, 간부는 부문의 목표 달성을 위해 필사적인 노력을 하지 않을 것입니다. 팔고 있는 상품이 시장에서 요구하지 않게 된 경우라면 또 다른 문제입니다. '목표 미달의 원인은 간부다!'라는 분석뿐만 아니라, 먼저 앞서 말한 네 가지를 위에서 내려다보면서, 어떤 것이 가장 큰 원인인지 각각의 관계를 보며 분석하고 있습니다.

'그렇군요. 알고 보니 '사장이 원인이다'라는 식으로 나가지는 않겠네요?'

그렇습니다. 하지만 사장님이 원인인 경우도 있지 않을까요?

그러면 다음은 개미를 소개하겠습니다.

[목표]의 경우, 개미의 분석을 할 때에는 사장님처럼 'PDCA'를 활용합니다. 예를 들어 P라면 목표가 너무 빡빡하지 않은가? 목표는 공평하게 설정되어 있는가? 간부는 목표에 납득하고 있는가? 등의 평가입니다.

[본인]의 경우, 사장님이 말씀하신 '매니지먼트에 필요한 요소'를 사용합니다. 제 경우, 간부에게 필요한 15가지 요소를 정리한 고민 12의 그림 11 '매니지먼트 실천에 필요한 능력'을 활용합니다. 그 밖에 그림 8 의 '능력 모델', 그림 9의 '인간 관계를 유지하는 능력 모델', 그림 12의 '리더십 발휘에 필요한 능력'(모두 고민 12에 게재) 등을 사용합니다.

'오, 간부의 역량을 세세하게 분석할 수 있군요.'

[사장]과 관련된 것이 무엇인지 제가 소개하기 전에 사장님이 말씀해 보시겠습니까?

'사장이라는 원인을 분석하는 프레임워크조. 간부육성에 사용할 수

있는 것이 있으면 좋겠어요.'

네, 제 경우, 고민 14에서 소개한 '간부육성의 왕도'를 활용합니다. 그리고 간부와 같은 것을 사용합니다.

마지막으로 [회사]인데, '토대와 (그 위에 지어진) 건물'이라는 개념을 가지고 분석하고 있습니다.

'토대'는 ① 모두의 마음이 하나인가, ② 사원의 의욕을 저하시키지는 않은가 라는 두 가지입니다.

자세한 내용은 고민 30을 보아 주십시오. '건물'은 사업과 상품입니다. 사업과 상품이 지금도 시장과 고객에게 좋은 평가를 받으며 팔리고 있는지 여부입니다. 이것은 라이프 사이클, 3C(주: Customer, Company, Competitor), PPM(주: Product Portfolio Management), VRIO(주: Value, Rarity, Imitability, Organization) 등의 전략·마케팅에 자주 등장하는 프레임워크(자세한 내용은 고민 10의 그림 6 '간부가 습득해야 할 지식이 예' 참조)를 활용하여 분석하고 있습니다.

간부가 부문 목표를 달성하지 못하는 진짜 원인을 파악하기는 쉽지 않습니다. 위에 소개한 프레임워크도 활용하여, 먼저 진짜 원인을 파악하고 해결해 나갑시다. [본인], [사장], [회사(토대)]가 원인인 경우에는 이 책의 해결책도 함께 활용해주십시오.

해법

❶ 간부의 전제 조건을 통과하지 않으면 목표를 달성할 수 없으므로, 사장의 양보할 수 없는 이상과 철학에 동의해야 합니다.

❷ 간부가 부문 목표를 달성하지 못하는 진짜 원인을 파악합니다.

❸ 원인 분석을 할 때는 효과적이고 원인을 찾아내기 쉬운 프레임워크를 활용합니다.

Ⓐ 목표·본인·사장·회사

Ⓑ [목표] → PDCA

Ⓒ [본인] → 인간 관계를 유지하는 능력, 매니지먼트 실천에 필요한 능력, 리더십 발휘에 필요한 능력

Ⓓ [사장] → 간부 육성의 왕도 및 위에 적은 Ⓒ

Ⓕ [회사] → Ⓐ 모두의 마음이 하나인지 Ⓑ 사원의 의욕을 저하시키고 있지 않은지 Ⓒ 사업과 상품은 여전히 판매될 수 있는지

제8장

간부는
사장의 이상과 철학에
동조하고 있는가

간부 평가는
성과만으로 평가해도 되는가?

사장님, 이 고민은 급여와 상여를 나눠서 생각해보도록 하겠습니다. 사장님은 각각의 성과 평가에 대해 어떻게 생각하십니까?

'급여는 성과 평가만 가지고 정하면 안 되겠지만, 성과에 대한 비율을 살짝 높게 잡았습니다. 그러나 상여는 성과 평가만 가지고 정해도 되지 않을까요?

그렇군요. 사장님은 그렇게 생각하시는 군요. 그러면 급여부터 생각해봅시다.

먼저 사장님께 질문을 하나 드리겠습니다. 연간 휴일 140일, 야근이 없고, 보고·연락·상담이 없는 것으로 유명한 기후(岐阜)지방(*주:일본탄광지역)의 미라이 공업(경상이익률 15%)의 창업자인 야마다 아키오 씨는 저서 〈사원이 행복한 회사의 이상한 「규칙」〉(파루 출판사)에서 이렇게 말하고 있습니다.

- 사람이 일을 하는 한, 성과 주의는 도입하지 않는다
- 연령과 경력으로 급여를 정한다

사장님, 어떻게 생각하십니까?

'그런 회사도 있군요. 연공주의의 끝을 보여주고 있네요. 그런데도 실적이익률이 15%이잖아요? 사업이 잘 되고 있네요.'

그렇습니다. 훌륭한 회사입니다. 성과를 택할 지 연공을 택할 지는 사장님에게 고민스러운 주제입니다만, 기업 문화, 업적, 리스크 등을 종합적으로 생각하여 판단할 수 밖에 없습니다.

'소장님, 성과중심평가에는 어떤 리스크가 있습니까?'

대표적인 리스크가 다섯 가지 있습니다.

① 공평하고 적절한 성과평가가 이루어지지 않으면 간부의 의욕이 떨어지게 된다.

② 성과 중심으로 생각하기 때문에 간부가 부하를 키우지 않는다.

③ 간부가 자기 부문만 생각하므로 전사적인 차원에서 보면 최적화 되지 않는다.

④ 간부 사이의 대인 관계가 나빠져서 직장 분위기가 험해진다.

⑤ 간부가 단기 지향이 된다.

'그렇군요. 리스크가 꽤 있네요. 하나하나가 충분히 있을 수 있는 일

같습니다.'

사장님, 이 리스크를 어떻게 줄일 것인가? 그 결과에 따라 성과 평가의 결과가 보이게 됩니다.

하나씩 생각해보도록 하겠습니다.

우선 ①의 '공평하고 적절한 성과평가가 이루어지지 않으면, 간부의 의욕이 떨어지게 된다'에 대해 사장님은 어떻게 생각하십니까?

'영업부장과 공장장의 성과 목표는 다르기 때문에 공평하게 만드는 것은 상당히 어렵습니다. 목표달성 정도만으로 성과평가를 하지 않는 게 좋겠어요.'

그렇군요. 다른 성과 항목도 넣는 게 좋겠습니다. 예를 들어, 작년 대비, 매출 대비 등입니다.

그러면 ②의 '성과 중심으로 생각하기 때문에 간부가 부하를 키우지 않게 된다'는 어떻게 생각하십니까?

'당연한 일이지만, 부하 육성도 평가에 넣어야 합니다.'

맞습니다. 그걸 빼놓을 수 없습니다. 평가 항목에는 '간부나 간부후보를 몇 명 육성시켰는가'를 넣을 것을 권해드립니다.

③ '간부가 자기 부문만 생각하므로 전사적인 차원에서 보면 최적화되지 않는다'로 가겠습니다.

'이건 다른 부문에 대한 공헌을 평가 항목에 넣으면 해결되지 않을 까요?'

역시, 사장님이십니다! 그게 좋겠군요. 자기 부문의 목표 달성에 60 점, 다른 부서에 대한 공헌에 30점, 모든 이에 대한 배려에 10점, 이렇 게 합계 100점입니다.

그러면 사장님, 이제 ④ '간부 사이의 대인 관계가 나빠져서 직장 분위기가 나빠진다'입니다.

'음, ③에서 세운 대책으로 어느 정도 리스크가 줄지 않을까요? 나 머지는 성과 비율을 50%정도로 한다거나……'

그것도 효과가 있습니다. 그리고 사장님의 생각(행동 지침) 등을 평 가에 넣어, 성과만 오르면 무슨 짓을 해도 괜찮다는 간부에 대해서는 감점 평가나 인격 평가를 넣으면 좋을 것 같습니다.

사장님, 마지막으로 ⑤ '간부가 단기 지향이 된다'입니다.

'이것은 당기의 성과뿐만 아니라, 차기에 대한 공헌도 평가하면 되 지 않을까요?'

네, 좋은 방법이군요.

다섯 가지의 리스크를 줄이는 방법을 생각하는 과정에서 성과 평가 의 타협점이 보였습니까?

'음, 어느 정도는요. 한번 더 곰곰이 생각해서 결론을 내겠습니다.'

그러면 사장님, 다음은 상여 평가입니다. 앞에서 사장님의 생각은 상여는 성과만 고려해도 괜찮다는 것이었습니다만, 조금 전의 리스크를 고려해서 생각했을 때는 어떻습니까?

'상여는 성과만 고려해도 괜찮다고 생각합니다. 공평함에는 신경이 쓰이지만 말이죠.'

그렇습니다. 과거의 성과를 정산하는 것이 상여라는 발상은 좋다고 생각합니다.

공평함에 대해서는 ①에서 소개한 리스크를 줄이는 방법도 도입하면서, 마지막에 사장님이 전체를 보고 결정하면 되지 않을까요? 가장 높은 간부와 가장 낮은 간부의 상여 차액이 너무 커지지 않도록 주의합시다.

해법

❶ 상여는 성과중심평가만으로 결정할 수 있지만, 급여는 성과중심평가만으로 결정하지 않는다.

❷ 다음과 같은 연구를 통하여 성과중심평가에 대한 리스크를 줄인다.

Ⓐ 성과중심평가에 대한 연구
  • 목표 달성치 만으로 평가하지 않는다(작년 대비, 매출 대비 등).

해법

- 다른 부서에 대한 공헌을 평가한다.
- 차기에 대한 공헌을 평가한다.

Ⓑ 능력 평가를 덧붙인다.
- 부하 육성을 평가한다.
- 규정과 규칙 위반을 감점 평가한다.
- 인격을 평가한다.

간부에게 평가 결과를
피드백 할 때
중요한 포인트는 무엇인가?

사장님은 어떤 것이 중요하다고 생각 하십니까?

…… (잠시 생각)

'역시 내가 직접 피드백을 하는 것이라고 생각합니다만, 어떨까요?'

그렇군요. 그것은 지극히 중요한 포인트입니다. 바쁘다는 핑계로 이사에게 맡기면, 간부에게 '사장의 관심을 받고 있지 않다', '사장은 설명 책임을 다하지 않는다' 등의 오해를 받게 됩니다. 사장님에게 도움이 되지 않습니다. 사장님, 다른 중요한 점은 무엇일까요?

'글쎄요. '다른 일을 하는 김에 같이 하지 않는 것' 아닐까요? 시간을 제대로 확보해서, 차분하게 피드백을 하는 게 좋을 것 같습니다.'

그렇습니다. 그것도 효과가 있습니다. 간부회가 끝난 다음 잠깐 동안 하면, 중요성이 낮다고 생각하게 됩니다. 1시간 이상 시간을 들이는 게 좋습니다.

포인트가 두 가지 나왔으니 질문을 바꿔보겠습니다. 평가 결과 피드백은 무엇을 위해 하는 걸까요? 목표는 본인의 '○○'과 '○○○'입니다.

'하나는 납득 아닙니까?'

역시 사장님이십니다! 정답입니다. 이것이 인사 평가의 포인트이기도 한데, 본인이 평가 결과에 대해 납득하는 것은 매우 중요합니다. 평가시트 없이 사장님의 머릿속에서만 평가를 했다 하더라도, 피드백을 받은 본인이 납득한다면, 인사 평가는 성공이라고 할 수 있습니다.

그러면 사장님, 또 다른 하나는 무엇일까요?

'기쁨 아닌가요?'

아, 아깝습니다. 기쁨도 중요하지만, '기쁨'이니까 글자수가 모자랍니다. 사장님의 피드백 내용으로 평가를 받는 사람에게 이 ○○○을 주셨으면 좋겠습니다.

'아, 알겠습니다. 깨달음?'

네! 정답입니다. 평가 결과 피드백을 통하여 본인에게 깨달음을 줄 수 있다면, 그 다음 단계의 성장으로 이어집니다. 당연한 일입니다만, 평가는 급여 결정만을 목표로 하는 것이 아니라 인재 육성을 목표로 하는 것이기도 합니다.

본인을 납득시키고, 깨달음을 주려면 어떠한 피드백을 하는 것이 좋을까요?

'면담 중에 화를 내지 않고, 감정적인 발언을 하지 않는 거겠죠.'

사장님, 바로 그겁니다. 특히 사장님의 평가가 낮은 경우, 간부가 "사장님, 왜 제 평가는 이렇게 낮습니까?"라고 물으면, 본인도 모르게 "자네! 자신의 무능함을 모르고 말하는 건가?"라는 식으로 받아 치기 쉽습니다.

'맞습니다. 일을 못하는 간부일수록 불평이 많습니다. 그런 상황에서 참기는 꽤 어렵습니다. 어떻게 하면 좋을까요?'

사장님은 어떻게 생각하십니까?

'귀를 막고, 듣지 않는다 같은 방법은 안 되겠지요?'

네, 안될 것 같습니다. 먼저 '칭찬부터 시작'을 해보면 좋지 않을까요? '칭찬할 내용부터 시작'하는 겁니다. 평가 결과가 좋았던 항목을 칭찬하는 것에서부터 면담을 시작합니다. 사장님에게 칭찬을 받으면 간부도 기쁜 마음이 들기 때문에, 그 다음에는 그렇게 흥분하지 않습니다.

'칭찬부터 시작이로군요. 알았습니다. 해보겠습니다. 다른 것도 있습니까?'

'칭찬부터 시작'을 도입하더라도 평가가 안 좋은 부분을 피드백 할 때, 간부가 '납득할 수 없다'고 말을 하면 그 시점에서부터는 간부의 변명을 듣기만 하십시오(듣기: 말하기=10: 0). 그리고 간부의 이야기가 끝나면 첫 번째 면담을 마칩니다.

일주일 후에 한 번 더 면담을 합니다. 거기에서 납득해주면 좋겠지만, 또다시 간부가 충분히 납득하지 못하고 있다면, 이야기를 들어주고 마칩니다(듣기: 말하기 = 9: 1).

'네? 저는 두 번씩이나 샌드백 역할인가요?'

네, 사장님. 조금만 참아주십시오. 제 경험으로는 샌드백은 최고 두 번까지입니다. 두 번씩이나 사장님에게 하고 싶은 말을 한 간부는 속이 시원해져서 세 번째에는 들으려는 자세를 취합니다. 그러면 차분하게 앉아 사장님이 간부에게 깨달음을 주십시오(듣기: 말하기 = 7: 3).

'그렇군요. 시간은 걸리지만, 간부의 납득과 깨달음을 위해서는 해야겠군요.'

그렇습니다. 물론 간부의 진제 조건(고민 13 참소)을 봉과하지 못한 간부에게는 적용되지 않습니다.

해법

❶ 평가 결과 피드백의 목표는 본인의 '납득'과 '깨달음'이다.

❷ 그것을 실현하기 위한 포인트는 다음과 같다.

   Ⓐ 사장이 직접 실시한다(이사에게 맡기지 않는다).

해법

ⓑ 별도의 자리를 마련한다(다른 일을 하던 김에 하지 않는다).

ⓒ 1시간 이상은 실시합니다.

ⓓ 듣기: 말하기 = 7: 3

ⓕ 먼저 '칭찬'할 내용부터 시작한다(칭찬부터 시작).

ⓖ 자신의 평가와 타인 평가 사이의 차이를 말해주면서 깨달음을 준다.

ⓗ 본인이 납득하지 않는 경우에는 변명을 듣기만 하고 마칩니다(듣기: 말하기 = 10: 0).

ⓘ 위에 적은 ⓗ의 내용을 최고 두 번까지 실시한다(두 번째는 듣기: 말하기 = 9: 1).

❸ 물론, 간부의 전제 조건을 통과하지 못한 간부에게는 그렇게 할 필요가 없다.

젊은 인재를 발탁할 때
신경 써야 할 점은
무엇일까?

사장님은 어떤 것에 신경을 쓰고 있습니까?

'당연하지만, 실력이 있는 사람을 뽑는 데 신경을 쓰고 있습니다.'

당연합니다. 가장 중요한 일입니다. 물론 간부의 전제 조건을 통과한 사람이어야 합니다. 그 밖에는?

'간부들을 설득하는 작업입니다'

그렇군요. 그것도 중요합니다. 어떤 방법으로 설득하시겠습니까?

'먼저 발탁한 이유를 꼼꼼히 설명하겠습니다. 그리고 이 사람밖에 없다는 점을 이해하도록 만들겠습니다.'

그렇군요. 능력이 없고, 실적을 올리지 못하는 경우에는 원래 직책으로 되돌아가게 하겠다는 것도 말씀하시는 게 좋습니다.

'음, 그렇게 해두는 게 좋겠군요'

사장님, 사원들에게는 어떻게 이야기하실 겁니까?

'말하는 게 좋을까요? 말할 필요가 없다는 생각도 드는데……. 어떻습니까?'

그렇군요. 의외로 어려운 주제군요.

사장님이 누구를 높은 자리에 올려놓는가 하는 것은 사원들에게 보내는 궁극적인 메시지입니다. 이야기를 하지 않고 사원들에게 오해를 살 가능성이 있다면, 이야기를 하는 편이 좋지 않을까요?

'어떤 오해를 하게 될까요?'

역시 '사장님께 아첨해서 발탁됐다', 'ㅇㅇ씨는 사장님과 빈번하게 술자리를 가져서 발탁됐다' 등, 사장님의 호불호로 인사를 좌지우지하고 있다는 오해를 받게 됩니다.

'아, 그런 얘기군요. 사원의 눈높이에서 보면 그렇게 되는군요. 그럴 가능성이 있다면 사원들에게도 이야기를 하는 게 좋겠어요.'

네, 발탁한 이유, 발탁한 사람에게 거는 기대, 열심히 노력하면 모두에게 발탁될 기회가 있다 등의 이야기를 해보는 것은 어떻겠습니까?

'알겠습니다.'

그런데 사장님, 발탁한 사람에게는 어떤 교육을 하실 겁니까?

'그 직책을 잘 소화해 나가는데 필요한 교육을 할 겁니다.'

당연한 말씀입니다. 다른 것도 있습니까?

'글쎄요. 연장자이거나 회사 경력이 많은 사람의 상사가 되는 거니까, 거만하게 굴지 말라고 하겠습니다.'

그것은 중요합니다. 교세라의 이나모리 명예 회장은 가장 먼저 겸허함을 가르치고, 노력을 게을리하지 않게 하고 있습니다.

'부족하지만, 사장님이 저를 ○○○에 앉히셨으니 열심히 노력하겠습니다. 잘 부탁 드립니다'라고 말하면서 부하에게 먼저 고개를 숙이라고 말하고 있습니다.

'발탁된 젊은 인재에게는 겸허함이 필요한 거군요.'

해법

❶ 간부의 의견을 들은 다음, 간부의 전제 조건을 통과한 간부 가운데에서 사장이 결정한다.

❷ 사전에 간부를 설득한다.

❸ 필요하다면, 관계자(발탁한 젊은 인재보다 연상인 부하나 동기 등)와 사전 접촉을 한다.

❹ 새로 생긴 직책이 아닌 경우에는 전임자에게 사전 설명을 합니다.

❺ 이야기를 하지 않으면 오해를 사게 될 것 같은 경우에는 모든 사원에게 발탁한 이유, 발탁한 사람에게 거는 기대, 열심히 노력하면 모두에게 발탁될 기회가 있다는 등의 설명을 한다.

❻ 발탁된 사람에게 겸허함을 교육시킨다.

간부의 연봉은
얼마로 하면 좋은가?

사장님의 회사에서 간부의 연봉은 얼마입니까?

높고 낮음에 대한 판단은 사람에 따라 다르겠지만, 800만 엔 이상
이라면 그런대로 괜찮지 않은가요? 다음의 데이터를 참고해주십시
오. (*주: 환율변동으로 엔화를 그대로 표시 함)

◆ 상장기업

• 이사 1,668만 엔 (노정시보 2012년 12월 14일)

• 부장 1,062만 엔 (후생노동성 임금 구조 기본 통계 조사 2012년)

• 과장 837만 엔 (위와 같음)

◆ 중소기업

• 이사 900만 엔~1,100만 엔 (기업실무 2010년)

• 과장 547만 엔 (type:일본의 구직.구인 사이트)

그런데 사장님, 간부의 연봉은 어떻게 정하고 있습니까?

'매번 회사의 실적, 본인의 공헌도 등을 고려하여 제가 정하고 있습니다.'

그렇군요. 참고로 정할 때 기본적인 방침이 있습니까?

'아니요, 특별히 정해져 있지는 않습니다만……'

제가 지금까지 만난 1만 명 이상의 사장님들께 들은 방침을 정리하면 다음과 같습니다.

하나씩 소개하겠으니, 사장님의 방침을 세우는 데 활용해주십시오.

방침 1 사원에게 꿈을 주고 싶은지?

일반적인 사원 입장에서 생각하면 언젠가는 회사 간부가 되겠다고 생각을 합니다. 그런 사원에게 대우 면에서의 꿈을 심어주고 싶은지를 결정합니다. 예를 들어 간부가 되면 연봉 1,000만 엔 이상.

방침 2 수익 배분으로 갈 것인지?

간부이므로 연봉은 완전히 업적과 연동시켜 결정합니다. 수익이 나오면 많이 주고, 나오지 않으면 조금 줍니다. 상한선도 하한선도 없습니다.

방침 3 생활 보장 면은 어떻게 생각할 것인지?

간부라 할지라도 가족이 있고, 생활도 있습니다. 어느 정도는 생활이 가능하도록 해주어야 합니다. 예를 들어, 연봉 600만 엔 이하로는 책정하지 않습니다.

방침 4 임금테이블을 기준으로 삼을 것인가?

간부라 할지라도 사원과 마찬가지로 임금테이블을 기준으로 책정하며, 인사평가제도에서 정해진 평가대로 연봉을 결정합니다.

방침 5 사장과의 연봉 차이를 어떻게 생각할 것인가?

① 사장보다 높게 책정하지는 않는다, ② 매출 공헌도가 높다면 사장보다 높이 책정해도 좋다, ③ 사장과 같다라는 세 가지 형태를 생각할 수 있습니다. 전국 시대의 무장인 이시다 미츠나리는 시마사콘이라는 부하에게 평생 자기 월급의 반을 주었다고 합니다.

이상입니다. 어떻습니까? 사장님의 생각을 정리해 보십시오.

해법

❶ 일반적인 수준과 비교할 때, 간부의 연봉은 800만 엔 이상이면 그런대로 괜찮다고 판단할 수 있다.

❷ 사장이 간부의 연봉에 대한 기본적인 방침을 설정하고, 그것을 기준으로 연봉을 결정한다.

❸ 참고로, 연봉과 관련한 방침은 다음과 같은 다섯 가지가 있을 수 있다.
Ⓐ 사원에게 꿈을 심어주는 연봉으로 만든다.
Ⓑ 수익 배분 방식으로 간다.
Ⓒ 생활 보장을 기준으로 생각한다.
Ⓓ 임금 테이블을 기준으로 삼는다.
Ⓕ 사장과의 연봉 차이를 기준으로 정한다.

간부의 상여는
어떻게 설계하는 것이 좋은가?

사장님은 현재 상태의 상여를 어떻게 설계하고 있습니까?

'간부는 연봉제니까 고정상여는 없고, 변동상여는 기말평가를 통해 결정하고 있습니다.'

그렇군요. 일반적인 상여 설계군요. 간부의 주택자금대출상환 등의 관계로, 여름과 겨울에 보너스가 필요한 경우에는 연봉의 1/16을 월급으로 하고, 여름과 겨울에 각각 2개월 분의 보너스를 주는 회사도 있습니다.

'그래요, 고정상여는 그런 방법으로 처리하면 되겠어요.'

네, 상여금의 변동부분 같은 경우, 사장님의 회사는 기말에 한 번 연말상여를 주는 방식을 택하고 있지만, 여름과 겨울의 보너스 때 변동상여를 주는 회사도 있습니다.

'그렇군요. 변동상여금액은 어떻게 정하고 있습니까?'

각 회사마다 다른데, 중요한 것은 '성과에 대한 정산'과 '미래에 대한 공헌'을 어떤 방식으로 급여와 상여에 반영시킬 것인가 입니다.

그림 22를 보아주십시오. 동일한 인사평가 시트로 급여와 상여를 정하고 있는 회사는 1년 동안 열심히 한 '성과'를 급여와 상여로 정산한 다음, 차기 이후의 '미래에 대한 공헌'을 가미하여 급여와 상여를 정하고 있습니다.

한편, 1년 동안 열심히 일한 '성과에 대한 정산'은 실적연동 상여로 한정시키고, 급여와 고정상여는 '미래에 대한 공헌'만으로 정하는 방법도 있습니다.

'그렇군요. '성과에 대한 정산'과 '미래에 대한 공헌'이군요'

사장님의 생각은 어떻습니까?

'음, 저는 '성과에 대한 정산'은 실적연동 상여로 하고, '미래에 대한 공헌'으로 연봉(고정상여 없이 급여만)을 정하는 것이 좋을 것 같습니다.'

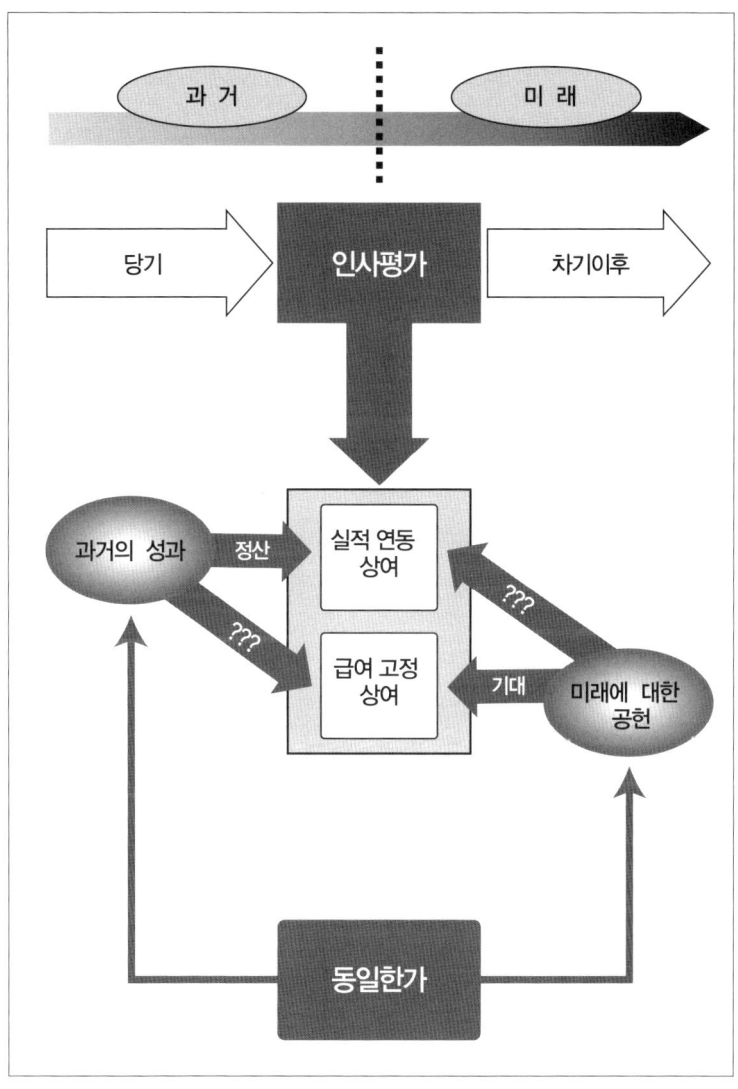

| 그림 22 급여와 상여에 관한 기본적인 생각 |

과 거

미 래

당기

인사평가

차기이후

과거의 성과

정산

실적 연동 상여

???

급여 고정 상여

???

기대

미래에 대한 공헌

동일한가

간부니까 그것이 가장 합리적입니다.

'성과에 대한 정산'으로 실적연동 상여를 결정한다면, 실적연동 상여는 반 년에 한 번이 아니라 일 년에 한 번이 좋겠군요'

그렇습니다. 결산이 확정되면 이익금이 정해지고, 이익금에서 실적연동 상여의 총액이 결정되므로 계산하기도 쉬워집니다.

'실적연동 상여금액의 계산은 성과평가로 정합니까?'

당연히 그렇습니다. 실적연동 상여를 개인과 회사로 나누어, 각각에 대한 지급 조건과 계산식을 정하여, 상여금액을 결정합니다. 예를 들어, 다음과 같은 그림입니다.

[개인 실적연동상여 계산식 예]

지급 조건: 부문 목표 달성

계산식: 5만 엔 × (목표 달성률 - 100)

[회사 실적연동상여 개인지급 분 계산식 예]

지급 조건: 부문 목표 달성과 회사 전체 목표 달성

계산식(기본 상여): 50만 엔

계산식(가산 상여): 20만 엔 × (작년 대비율 - 100) + 다른 부문에 대한
성과 공헌 상여 (사장이 결정)

성과를 많이 냄으로써 공헌을 한 간부는 위와 같은 계산식으로 계산하여 실적연동상여를 많이 받게 됩니다. 그렇다고 해서 연봉이 많

이 올라가는지 여부는 알 수 없습니다.

'소장님, 그 간부가 차기 이후에도 성과를 올려서 공헌할 수 있을지 여부로 정해지는 거군요?'

네, 사장님, 그렇습니다. 차기 이후의 공헌을 기대할 수 없는 경우에는 연봉 삭감도 있을 수 있습니다.

한편, 부문 목표를 달성하지 못하고, 실적연동상여가 없었던 간부에게 차기 이후의 큰 공헌이 기대될 경우에는 연봉이 대폭 상승하는 경우도 있을 수 있습니다.

'그렇군요. 이것이 '성과에 대한 정산'으로 업적연동 상여를, '미래에 대한 공헌'으로 연봉을 정하는 방법이군요. 이미지가 구체적으로 떠올랐습니다.'

해법

❶ 고정상여와 실적연동 상여로 나누어 설계한다.

❷ 연봉제를 채용하고 있는 회사인 경우, 매달의 지급 금액이 연봉 ÷ 120이면 고정 상여가 없고, 연봉 ÷ 16라면 고정 상여가 4개월 분이 된다.

❸ 연봉제를 채용하고 있지 않은 회사인 경우, 고정 상여는 급여와 동일한 방침으로 설계하는 것이 좋습니다.

해법

❹ 실적연동 상여는 '성과에 대한 정산'과 '미래에 대한 공헌'을 어떻게 급여와 상여에 반영할 것인가에 대한 방침을 정해서 설계하는 것이 좋다.

❺ '성과에 대한 정산'은 실적연동 상여를, '미래에 대한 공헌'은 연봉(급여 + 고정 상여)으로 정하는 것이 간부를 대상으로 생각했을 때 가장 합리적인 방법이다.

고참 간부를
강등시키고 싶다.

선대 사장님 때부터 있던 간부군요.

'네, 오늘의 회사를 있게 한 사람이긴 합니다만……'

지금은 큰 공헌이 없기 때문에, 고참 간부를 강등시키겠다는 거군요. 자주 듣는 고민입니다. 구체적으로 어떤 영향을 끼치고 있습니까?

'시대도 변하고, 저희 회사의 사업과 상품이 변하고 있는데, 고참 간부는 그걸 따라가지 못하고 옛날 사고방식대로 다른 간부나 부하에게 지시를 하는 바람에 모두가 난처해하고 있습니다'

그렇습니까? 그건 난처하겠군요. 그런데 그 고참 간부는 사장님의 양보할 수 없는 이상과 철학에 동의하고 있습니까?

'네, 동의는 하고 있습니다.'

그렇습니까? 그렇다면 지금까지의 공헌과 앞으로의 공헌에 대해 어떻게 평가하십니까?

'지금까지의 공헌을 전혀 평가하지 않는다는 건 좋지 않다고 생각합니다.'

맞습니다. 충분한 급여를 보장함으로써 보상을 하는 것이 좋습니다.

'그렇군요. 급여로 보상할 수 있겠네요.'

그렇다면 앞으로의 공헌은 어떻게 평가하십니까?

'공헌은커녕 방해를 하고 있기 때문에 좋게 평가할 수 없습니다.'

그렇다면 어떠한 처우를 하는가가 문제겠군요.

'이 고참 간부는 현재 이사인데, 역시 이사 자리에서는 물러나게 하는 것이 좋다고 생각합니다만……'

그렇군요, 퇴임 말씀입니까? 그것은 좋은 방법이라고 생각합니다. 다만 이사에서 부장으로 바꾸는 것보다는 고문이라는 자리가 좋을 것 같습니다. 물론 부하도 붙여주지 않습니다. 이사가 아니라 부장이라 하더라도 과장으로 바꾸는 것이 아니라 고문으로 자리에 앉히는 것이 좋을 것 같습니다.

'부하를 붙여주지 않고 고문 자리에 앉히라는 거죠?'

네. 부하를 붙이면 부하가 망가집니다. 급여는 10%에서 30% 정도 삭감하는 수준으로 하고, 후진을 지도하게 합니다.

'그렇군요, 이제 남은 건 어떻게 전달할 것인가에 대한 것이군요'

교세라의 이나모리 명예 회장의 전달 방식을 소개하겠습니다.

"죄송합니다만, 후진에게 길을 내주지 않으시겠습니까? 제가 시키는 대로 움직이시기는 힘들 테니, 길을 내주시고 회사의 고문이 되어주십시오. 급여는 약간 줄겠지만, 앞으로도 소중히 생각하겠으니 후진을 잘 지도해주십시오."

이런 식으로 사장님이 예의를 다하여 고참 간부에게 차분하게 이야기를 해서 납득하게 만드는 방법 밖에 없지 않을까요?

'그러네요. 그 방법 밖에 없겠네요'

물론 이것으로 모든 것이 해결되는 것은 아니라는 것은 알고 있습니다. 언제나 그런 고통에 노출되어 있는 분들이 사장님들 아닐까요?

해법

❶ 사장의 양보할 수 없는 이상과 철학에 동의하지 않는 고참 간부라면, 자리에서 물러나게 한다.

❷ 동의하고 있는 고참 간부라 하더라도, 이사 또는 부장에서 퇴임시키고 고문 자리로 이전한다.

❸ 조력자는 붙여 주지 않고, 후진을 지도하게 하다.

❹ 급여는 10%에서 30% 정도 삭감한다.

❺ 고참 간부에게는 사장이 예의를 다하여 차분하게 이야기를 해서 납득하게 만든다.

강등

사장의 고민 42

간부가 강등 이유를
전혀 납득하지 못한다.

간부가 강등 이유를 납득하지 못하고 있습니까?

여기에서는 동의하고 있는 간부라는 전제로 진행하겠습니다.

강등 통지를 전달하고 얼마나 지났습니까?(*두 가지 시간흐름으로 나눔)

★'일주일 이내인 경우에는 어떻게 하는 것이 좋을까요?

갑작스런 강등으로 충격이 클 테니, 조금 더 상황을 지켜보는 것이

좋지 않을까요?

'그래요. 조금 더 상황을 지켜보겠습니다.'

★만약 일주일 이상 지났다면 어떻게 하면 될까요?'

그렇다면 '복구 작업'을 실시하는 것이 좋겠습니다'

'네? 복구 작업이라뇨? 뭘 해야 하는 겁니까?'

제 대답을 듣기 전에, 사장님, 죄송합니다만, 다음 질문에 먼저 대답

해주겠습니까?

사장님이 간부에게 강등 사실을 전할 때의 상황에 대해 묻겠습니다.

질문 1 사장님이 강등 기준을 서면으로 명확하게 전달했습니까?

질문 2 질문1을 근거로 사장님이 강등 이유를 서면으로 명확하게 전달했습니까?

질문 3 사장님이 복직 기준을 서면으로 명확하게 전달했습니까?

질문 4 사장님이 그 간부에게 걸고 있는 기대를 서면으로 명확하게 전달했습니까?

질문 5 그 간부가 하는 말을 사장님이 모두 들어주었습니까?

어떻습니까?

간부가 하는 말은 어느 정도의 시간 동안 들었습니까?

'글쎄요, 어느 정도 들었을까요? 30분 정도였나?'

충분하지 않은 것 같습니다. 간부가 충분히 말을 하지 못한 것은 아닐까요?

'그렇군요, 그럴지도 모르겠네요.'

'소장님, 안타깝게도 '아니오'가 두 개 있었습니다.'

그렇습니까? '아니오'가 한 개 이상 있는 경우에는 다음과 같은 복구 작업을 권해 드립니다.

① 본인을 불러서 다시 한번 미팅을 합니다.

② 지난 번 본인의 이야기를 충분히 듣지 않았던 것과 설명이 불충분했

던 것에 대해 사과합니다.

③ 다음으로 당사자의 입장을 다시 한번 차분히 듣고, 앞서 소개한 질문 가운데 '아니오'였던 사항을 모두 다시 복구합니다.

'그렇게까지 할 건 없지 않나요?'

네, 사장님이 그렇게 생각하시는 것은 충분히 이해합니다만, 복구 작업을 하는 이유는 두 가지 입니다.

① 사장님에 대한 불신감이 싹틉니다. 여기저기서 사장님의 험담을 하고 다닙니다. 많은 사람을 끌어들여서 사장님에 대한 반대 세력을 만듭니다. 그러한 리스크를 줄이기 위해서입니다.

② 사람은 설사 자신이 아무리 잘못했다 하더라도, 결코 자신이 나쁘다고 생각하고 싶어하지 않기 때문입니다. 〈인간관계론 / D. 카네기〉(소겐샤)

'음, ①은 알겠는데 ②는 어떨까요? 정말 그렇습니까?'

사장님, 이어서 D. 카네기의 이 문장을 읽어주시겠습니까?

"형무소장에게 흥미로운 이야기를 들었다. 죄수들 가운데 자기자신이 나쁜 사람이라고 생각하는 사람은 거의 없다고 한다. 자신은 일반 선량한 시민과 조금도 다를 바가 없다고 생각하고 있으며, 자신의 행위는 어디까지나 옳았다고 믿고 있다. 범죄자는 대부분 자신이 저지른 악행에 그럴 듯한 논리를 붙여서 정당화시키고, 형무소에 들어와 있는 것은 부당하다고 믿어 의심치 않는다."

'와! 죄수인데도 자신이 나쁘지 않다고 생각하는군요. 놀랍네요.'

그렇습니다. 그렇기 때문에 성의를 담은 복구 작업이 필요한 게 아닐까요?

해법

❶ 사장의 양보할 수 없는 이상과 철학에 동의하지 않는 간부는 제외한다.

❷ 동의하고 있는 간부에게는 다시 한번 사장과 간부가 '복구 작업'을 위한 미팅을 실시한다(강등을 통지했을 때 실시한 것은 하지 않는다).

Ⓐ 지난 번 미팅에서의 설명이 불충분했던 것, 본인의 말을 차분히 듣지 않은 것을 사과한다.

Ⓑ 본인이 하고 싶은 말을 1시간 이상 차분히 듣는다.

Ⓒ 서면으로 강등 기준, 강등 이유, 패자부활 기준, 사장이 당사자에게 걸고 있는 기대 등을 설명한다.

❸ 앞으로는 간부를 강등할 때, 이러한 복구 작업이 필요 없도록 한다.

성과가 나오지 않는 간부는 해고를 고려 한다.

그 간부가 사장님의 양보할 수 없는 이상과 철학에 동의하지 않는 경우에는 앞서 사장님에게

누차 말씀 드렸습니다. (고민 01 참조)

여기에서는 동의하고 있는 간부라는 것을 전제로 진행하겠습니다.

사장님의 양보할 수 없는 이상과 철학에 동의하고 있음에도 불구하고, 성과가 나오지 않아서 해고를 생각하시는군요?

사장님, 어떻게 된 겁니까?

'3년 이상 그 간부를 지도하고 있는데도 전혀 효과가 없습니다. 아마도 더 이상 성장하지 않을 것 같습니다'

그렇습니까? 꽤 힘든 상황이군요. 사장님, 강등으로는 안 되겠습니까?

'아니요, 이번에는 강등으로는 안 됩니다'

네? 안됩니까? 사장님, 단호하시군요. 이유가 있습니까?

'음, 이유가 뭘까요?'

사실은 사장님의 양보할 수 없는 이상과 철학에 진심으로 동조하지 않는 것 아닙니까?

'아니요, 그렇지는 않은 것 같습니다.'

동조하고 있다면 해고가 아니라 강등을 시키는 게 나을 텐데, 왜 그러시죠?

'아마도 그 간부는 저와 함께 있으면 결국 저에게 의존해 버리기 때문에 쓸모 없는 사람이 되어버릴 것입니다. 그래서 강등으로는 안 됩니다.'

알겠습니다. 그런 거였군요. 간부는 그것을 바라고 있습니까?

'글쎄요?'

그 간부와 차분히 이야기를 나눠보시는 것은 어떻습니까?

'네, 이야기해 보겠습니다'

본인도 원하고 있다면, 사상님의 생각을 전달하고 해고시키면 됩니다. 해고를 원하지 않는다면, 강등시킨 다음, 본인의 강점을 활용하여 사장님을 돕게 하면 되지 않을까요? 사장님 옆에 있는 간부에게는 다음과 같은 역할도 할 수 있습니다.

① 사장의 생각과 지시대로 충실하게 움직인다.
② 사장을 돋보이게 하기 위해 존재한다.

해법

❶ 사장의 양보할 수 없는 이상과 철학에 동의하고 있지 않은 간부라면, 사장의 생각대로 하시면 됩니다.

❷ 동의하고 있는 간부인 경우, 다시 한번 사장과 간부가 차분히 이야기를 나누어보고, 간부 역시 퇴사를 원한다면, 그렇게 합니다.

❸ 간부가 퇴사를 원하고 있지 않는다면, 강등시킨 다음 다른 역할로 사장을 돕게 합니다.

해고

사장의 고민 44

고참 간부를
해고 하고 싶다

사장님, 많이 고민하고 계시군요.

'네, 상당히 고민스럽습니다. 매일 머리가 아파요.'

왜 고참 간부를 그만 두게 하고 싶은 겁니까?

① '제 방식에 반발하고 방해하기 때문입니다'

② '제게 반발은 하지 않지만, 제 지시대로 전혀 움직이지 않기 때문
   입니다'

먼저 ①부터 설명하겠습니다.

그렇습니까? 그 고참 간부는 사장님의 양보할 수 없는 이상과 철학
에 동의하고 있습니까?

'아니요, 전혀 동의하고 있지 않습니다.'

그렇군요. 그래서 방해를 하는군요. 사장님, 그 고참 간부가 반발하
지 않도록 설득하셨습니까?

'네, 몇 번이고 했지만 말을 듣지 않았습니다.'

그렇군요. 그런 상황이라면 해고를 시켜야겠군요. 다만, 과거의 공적은 보상해주는 것이 좋지 않을까요?

'어떻게 해 주면 좋을까요?'

고참 간부가 이사라면, 임기 내의 보수를 줍니다. 임원 상여 지급이나 퇴직금 알파를 줍니다. 이사가 아니라면, 특별 상여나 퇴직금 알파를 생각할 수 있습니다. 과거의 공헌도가 높은 고참 간부였다면, 퇴직 후에도 고문 계약을 하여 고문료를 지급합니다. 이와 같은 시책을 생각할 수 있습니다.

'그렇군요, 잘 알았습니다. 다만, 그런 조건을 제시해도 그만두지 않겠다고 하면 어떻게 해야 하나요?'

이사인 경우에는 임기 내의 보수를 주면 문제가 없을 것 같습니다만, 이사가 아닌 경우에는 시간을 들일 수 밖에 없겠습니다(법적인 사항은 변호사나 전문가에게 확인합니다).

'시간을 들이라고요?'

그렇게 하지 않으면, 마찰이 생겨 일이 커질 수 있습니다. 우선 강등시키고 감봉합니다. 물론 부하는 붙여주지 않습니다. 그리고 차분하게 이야기를 합니다. 그래도 안 되면, 재차 강등과 감봉을 실시하고 대화합니다. 이 과정을 끈기 있게 반복하는 방법 밖에 없습니다.

다음으로, ② '제게 반발은 하지 않지만, 제 지시대로 전혀 움직이지 않기 때문입니다'입니다.

그 고참 간부가 사장님의 양보할 수 없는 이상과 철학에 동의하고 있다면, 해고보다 강등이 좋습니다.

동의하고 있지 않다면, 앞에서 언급한 이유 ①에 대한 대처 방법을 봐주십시오.

해법

❶ 사장의 양보할 수 없는 이상과 철학에 동의하고 있지 않은 고참 간부라면 사장의 생각대로 퇴직하게 한다.

❷ 단, 과거의 공헌에는 다음과 같이 충분한 보상을 해주는 것이 좋다.

　Ⓐ [이사] 임기 내의 보수를 준다. 임원 상여 지급, 퇴직금 증액.

　Ⓑ [이사 이외] 이직 활동 중 급여 지급, 특별 상여 지급, 퇴직금 증액.

　Ⓒ 공헌도가 높은 고참 간부인 경우, 고문으로 취임하게 한다.

❸ 이사 이외의 고참 중, 그만 두게 하기가 힘든 경우, 강등·감봉·대화를 끈기 있게 지속하여 권고 사직하도록 한다.

❹ 동의하고 있는 고참 간부인 경우, 사직보다는 강등이 좋다.

퇴직

간부가
스스로 사직하고자 한다.

아, 이건 마음이 좀 괴롭군요. 저도 몇 번인가 경험했습니다만, 간부에게 "사장님 잠깐 괜찮으십니까?", "여기서는 좀……."이라는 말을 듣는 건 정말 싫습니다.

'네, 소장님, 바로 그거예요. 정말 깜짝깜짝 놀란다고요.'

같은 말을 반복해서 죄송하지만, 그 간부가 사장님의 양보할 수 없는 이상과 철학에 찬동하고 있지 않다면, 붙잡지 말아야 합니다.(고민 01 참조).

여기에서는 동의하고 있는 간부가 그만두고 싶다고 했다는 것을 전제로 진행하겠습니다.

사장님 이번에는 어떻게 하고 싶으십니까?

'두 가지로 나누어 답변하겠습니다.'

① 저는 저에게 동의하고 있는 간부라 하더라도, '가는 사람은 붙잡지 않는' 주의입니다.'

② '저는 어떻게든 설득하고 싶습니다'

그러면 ①부터 설명하겠습니다.

가는 사람은 붙잡지 않는다고 하셨는데, 그 간부가 오해하고 있는 거라면 어떻게 하시겠습니까?

'네? 오해요?'

네, 요즘 사장님과 만날 기회가 적고, 대화도 거의 할 수 없는 그런 상황에서 사장님에 대해 오해를 하고 있는 경우입니다.

'음, 그런 일은 없다고 생각합니다만……'

하지만 사장님, 한번 정도 그 간부가 퇴사하려는 이유를 들어보시는 것이 좋지 않겠습니까?

'한 번 정도라면 그래도 될 것 같군요.'

기왕이면, 사장님이 더 큰 성장을 위하여 사장님이 듣기 거북한 이야기도 들어보시면 어떨까요?

'별로 듣고 싶지 않지만 퇴사하기 전이니까 간부도 속내를 말해줄지 모르겠군요.'

그렇습니다. 사장님에게 동조하는 간부이므로, 좋은 깨달음을 얻을 수 있을 것입니다.

다음은, ② '저는 어떻게든 설득하고 싶습니다'입니다.

사장님, 당연한 얘기지만, 그 간부가 남아 있어주기를 바라시는 거죠?

'물론이죠. 그래서 설득하려는 겁니다.'

먼저 차분하게 간부가 퇴직하려는 이유를 들어주십시오.

'당연히 들을 겁니다.' (각자 실천)

사장님, 어땠습니까?

저의 지금까지 15년 동안의 경영과 25년 동안의 컨설팅 경험에서는 다음과 같은 이유가 많았습니다.

이유 1 대우 면에 불만이 있다.

이유 2 사장의 경영 방식에 적응할 수 없다.

이유 3 독립하고 싶다.

이유 4 가정 사정.

이유 5 하고 싶은 일을 할 수 없다.

하나하나 짚어가도록 하겠습니다. 이유 1부터입니다. 사장님, 어떻게 하시겠습니까?

'대우에 대한 간부의 불만은 해소시켜주고 싶지만, 그런 일은 일부러라도 하지 않겠습니다.'

그 이유는요?

'간부 한 명에게 그렇게 하면, 다른 간부들도 같은 태도로 나올 거

아닙니까?'

하긴, 그렇게 되면 퇴직을 볼모로 한 임금 투쟁이 되겠군요. 단, 사장님의 인사 평가에 옳지 않은 부분이 있거나, 모든 간부의 연봉 수준이 낮은 경우, 사장님이 사과하고, 함께 실적을 향상시켜서 대우를 개선시켜 나가자고 설득 정도는 해 봐도 좋지 않을까요?

'그러네요. 저나 회사가 가지고 있는 부족한 부분은 시정이 필요하겠군요.'

사장님, 다음은 이유2의 '사장님의 경영 방식에 적응할 수 없다'입니다. 이것은 어떻게 하시겠습니까?

'글쎄요. 저에게 동의하고 있는 간부였으니, 원칙적으로 이런 이야기는 듣지 않겠습니다. 다만, 평소 저에게 좀처럼 제안을 하지 못했던 간부의 고언이라면 그 이야기를 들을 것이고, 가능한 부분은 개선을 약속하겠습니다'

그렇습니다. 사장님에 대한 고언이라면 이야기를 들은 다음에 설득을 해도 좋을 것 같습니다. 어쩌면 사실은 사장님의 양보할 수 없는 이상과 철학에 동의하고 있지 않았을 가능성도 있으므로, 그런 것까지 포함해서 사장님이 판단하십시오.

다음은 이유 3의 '독립하고 싶다'입니다. 사장님, 이것은 어떻게 하시겠습니까?

'이것은 설득할 방법이 없네요. 본인이 독립하고 싶다면 붙잡아도 소용없을 거고요.'

그렇습니다. 단, 이것을 계기로 독립 지원 제도를 구축하여, 자회사 사장이나 자금 지원 및 인적 지원을 통한 원만한 관계를 쌓는 것도 좋은 방법일 수 있습니다.

'그건 좋은 생각이네요. 비슷한 이유로 인한 퇴직이 줄 수도 있겠군요.'

다음은 이유 4의 '가정 사정'입니다.

'회사가 도울 수 있는 일이라면, 근무 시간, 근무지, 근무 조건을 고려하여 설득하고 싶습니다.'

그렇습니다. 최근에는 부모님의 간병을 위한 퇴직도 늘고 있으니까, 그런 것도 포함하여 대처할 수 있다면 좋겠군요. 그리고 복직 제도의 정비도 필요할 수 있습니다.

사장님, 마지막 이유 5는 '하고 싶은 일을 할 수 없다'인데, 이것은 어떻게 하시겠습니까?

'본인의 뜻이 강경하다면 힘들 것 같습니다. 단, 우리 회사의 신규 사업 가운데에서 가능하다면, 하고 싶은 일을 할 수 있도록 방향을 제시하여 설득하고 싶습니다'

그러시군요.

이상, 다섯 가지를 살펴봤습니다.

사장님, 마지막으로 한 가지 제안이 있습니다.

간부회나 술자리에서 퇴직하는 간부의 험담을 하지 않으셨으면 합니다. 그 동안 회사의 여러 가지 배려로 성장해 왔기에 남아주었으면 했던 간부가 퇴직하게 되어 힘든 마음은 공감합니다만, 꾹 참아야 합니다.

간부나 사원은 '사장은 자신이 그만둘 때도 이렇게 말하겠구나'라고 생각하게 되고, 사장님을 신뢰하지 못하게 될 수도 있습니다. 부끄러운 얘기지만 저 또한 성숙함이 모자랐던 시절, 남의 험담으로 실패를 한 경험이 있습니다. 이런 사장님을 몇 분이고 만나보았는데, 모두들 후회하고 계십니다. 모쪼록 유의해주십시오.

해법

❶ 사장의 양보할 수 없는 이상과 철학에 동의하지 않는 간부라면, 붙잡을 필요가 없다..

❷ 사장의 경영방침에 벗어난 사람은 붙잡지 않는다 해도, 사장에 대한 오해가 있을 수도 있으니, 한 번 정도는 간부와 차분히 대화를 나누고, 사장 입장에서는 듣기 거북한 말도 들어준다.

해법

❸ 어떻게든 만류하고 싶은 경우에는 퇴직하는 이유에 따라 달라지겠지만, 이를 계기로 사장의 부족한 점과 회사의 불충분한 대우, 제도의 미비점 등을 개선하는 방향으로 간부를 설득한다.

❹ 간부회나 술자리에서 결과적으로 퇴직한 간부의 험담을 하지 않는다. 사장을 신뢰하지 못 하게 될 수 있다.

퇴직

사장의 고민 46

퇴직한 간부가
재입사를 원한다.

이것도 자주 접하는 고민인데, 저도 경험이 있습니다. 기쁜 반면, 받아들였을 때의 불안을 생각하면 고민스러워집니다.

'그렇습니다. 이 문제는 답을 내리기가 상당히 고민스럽습니다.'

사장님들의 생각도 '기쁜 마음으로 받아들인다'와 '절대로 입사시키지 않는다'라는 두 가지로 나뉩니다. 사장님과 함께 생각해보고 싶은데, 우선 받아들였을 때의 좋은 점은 무엇일까요?

'글쎄요. 그만둔 사람을 받아들이면, 나와 회사가 포용력이 있다는 평가를 받지 않을까요?'

그렇군요. 그릇이 큰 사장님이라는 평가를 받을 것이고, 돌아온 간부도 감사해 하겠군요.

'돌아온 간부는 우리 회사가 좋은 회사라고 모두에게 자랑할 수도 있을 겁니다.'

그런 것도 놓칠 수 없겠군요. 외부에 있던 사람이기 때문에, 평가에

객관성도 있습니다.

'그리고 그 간부가 회사에 적응하는 것도 빠르겠죠.'

그렇겠네요. 원래 있던 사람이니까 중도 입사한 다른 간부와 비교하면 상당히 빠르겠군요. 간부의 중도 채용이 잘 이루어지지 않은 경우에는 간부 부족 사태에 대한 대책이 되기도 합니다.

사장님, 좋은 점이 많이 있네요.

그러면 지금부터는 안 좋은 점에 대해 말해보겠습니다. 사장님, 안 좋은 점은 무엇이라고 생각하십니까?

'글쎄요, 역시 기존 간부나 사원의 의욕 저하가 아닐까요?'

'어떻게 배신한 사람이 다시 돌아올 수 있지?'라고 생각하겠군요. 특히 그 간부가 퇴직했던 시기가 회사의 어려웠던 시절이었다면 더욱 그렇겠군요.

'그렇습니다. 이런 일을 할 때는 간부나 사원의 마음을 정확하게 파악해두지 않으면 무서운 일이 벌어질 수 있습니다.'

그렇군요. 다른 것은 무엇이 있을까요?

'음, 돌아온 간부가 다시 퇴직하게 되면 싫을 것 같습니다.'

그런 일을 당하면 매우 충격이 크겠네요. 그런 의미에서는 돌아온 간부가 충성심을 가지고 일을 해줄지도 불안하겠네요.

사장님, 여기에 좋은 점과 안 좋은 점을 정리해보겠습니다.

[좋은 점]

① 그릇이 큰 사장/회사라는 평가를 받는다.

② 돌아온 간부가 감사해 한다.

③ 돌아온 간부가 다른 간부나 사원들에게 우리 회사가 좋은 회사
　라고 어필해 준다.

④ 돌아온 간부의 재입사 후 적응이 빠르다.

⑤ 간부 부족 사태에 대한 대책이 된다.

[안 좋은 점]

① 기존 간부와 사원의 의욕 저하(배신한 간부를 받아들여도 되는지)

② 돌아온 간부가 또 다시 퇴직해 버린다.

③ 돌아온 간부의 충성심이 낮다.

'〈좋은 점 – 안 좋은 점〉이 0보다 크면, 재입사는 결정되겠군요.'

네, 그렇습니다. 다만, 재입사할 때는 조건을 가시화하는 것이 좋습
니다.

예를 들어, 다음과 같은 조건입니다.

① 사장의 양보할 수 없는 이상과 철학에 동의하고 있다.

② 간부 전원이 찬성한다.

'그렇군요, 그건 필요하겠네요. 그렇다면 소장님, 연봉은 어떻게 하
면 좋을까요?'

이것도 고민스러운 주제입니다만, 계속 노력해온 간부나 사원을 생각하면, 많이 주더라도 퇴직했을 당시의 연봉이 아닐까요? 그렇게 하지 않으면 그만뒀던 사람이 승자가 되어버립니다.

해법

❶ 먼저 재입사 조건을 가시화한다.

❷ 다음으로, 재입사의 좋은 점과 안 좋은 점을 따져본다.

❸ <좋은 점 - 안 좋은 점>이 0보다 크면 재입사를 결정한다.

❹ 재입사 후의 연봉은 그만뒀던 사람이 승자가 되는 일이 없도록, 퇴직했을 당시의 연봉을 최고 금액으로 합니다.

제9장

사장에게
의견제시 능력과
경영 능력을 익히려면?

사장에게 제안하는
간부가 거의 없다

사장님, 이건 문제입니다. 간부들은 왜 제안을 하지 않을까요?

'아무래도 간부들의 수준이 낮아서 나에게 좀처럼 제안을 하지 못하는 것 같아요.'

그렇습니까? 큰일이군요. 사장님은 그런 간부만 있어도 괜찮습니까?

'아니요, 괜찮을 리가 없죠.'

어떻게 하면 좋을까요?

'그야, 간부의 수준을 올리는 방법 밖에 없지 않을까요?'

맞습니다. 간부의 수준을 올리는 것은 중요합니다. 간부의 수준이 올라가면, 사장님께 제안을 하게 될까요?

'하지 않을까요?'

그렇습니까? 그러면 사장님, 여기에서 잠깐 진단을 해도 되겠습니까?

일곱 개 스텝을 소개하겠습니다. 사장님이 현재 어떤 단계인지 진단해주십시오.

스텝 1 사장과 간부 사이에 인간 관계는 성립되어 있다.

스텝 2 사장과 간부 사이에 신뢰 관계는 성립되어 있다.

스텝 3 무슨 말을 해도 서로 마음 상하지 않는 관계가 형성되어 있다.

스텝 4 간부의 제안을 가로막거나 틀렸다고 말하지 않고, 끝까지 듣고 있다.

스텝 5 간부의 제안을 끝까지 들은 다음, 부정하지 않고 비판하지 않는다.

스텝 6 제안한 간부의 행동과 용기를 칭찬하고, 고마워한다.

스텝 7 간부의 제안에 기쁜 마음으로 귀 기울인다.

'소장님, 꽤 많네요.'

도쿠가와 이에야스와 마쓰시타 고노스케의 힌트에서 얻은 '간부로부터의 간언'을 이끌어내는 포인트입니다.

'네? 도쿠가와 이에야스와 마츠시타 고노스케의 합작이요? 대단한 콜라보레이션이군요.'

그렇습니다. 그런데 사장님은 어느 스텝입니까?

여러 단계로 나누어서 답해 주시겠습니까?

안타깝게도 스텝 3일 때 입니다.

그렇습니까? 간부와의 관계를 조금 더 심화시켜 나가야겠군요.

'그렇군요. 그런데 무슨 말을 해도 서로 마음 상하지 않는 관계가 중요한 것 같습니다.'

네, 그것은 도쿠가와 이에야스의 말입니다. 이런 관계가 성립되지 않으면 간언을 해서라도 상황을 변화시켜야 한다고 봅니다.

'아, 다음은 스텝 4이겠군요. 아무래도 간부의 제안에서 초점이 어긋나 있거나, 틀려 있으면 저도 모르게 중간에 따져 묻게 됩니다.'

맞습니다. 무의식 중에 그런 말을 하게 되죠.

'소장님, 중간에 끼어들지 않을 좋은 방법은 없습니까?'

제 경우에는 끼어들고 싶어지면 '끝까지 듣게 해주는 스위치'를 켜는 겁니다.

'끝까지 듣게 해주는 스위치? 그건 뭡니까?'

네, 제 스위치는 '혀를 깨무는 것'입니다. 부하가 제안하고 있는데 중간에 뭔가 틀린 이야기를 하고 있다는 생각이 들면 혀를 깨뭅니다. 그러면 말할 수 없게 되기 때문에 이야기는 들을 수 있게 됩니다.

'아! 그런 말이군요! 알겠습니다. 그러면 내 스위치는 '심호흡'으로 해야겠네요.'

'심호흡'이요? 그것도 좋은 스위치군요. 심호흡을 하는 동안은 할 수 없으니까요. 사장님, 그렇다면 앞으로 따져 묻고 싶어질 때마다 반드시 '심호흡'을 해주십시오.

'스텝 5일 때 입니다.

이야기는 끝까지 들을 수 있지만, 간부의 제안이 끝난 후에 '당신, 이 제안이 뭡니까? 좀 더 생각을 하세요!'라고 말해 버리곤 합니다.'

사장님, 그 마음은 잘 압니다. 눈높이가 낮은 제안이 들어오면, 간부인데도 이 정도 제안밖에 못 하는 건가 라는 생각을 하게 됩니다.

'맞아요.'

하지만 사장님, 간부 입장에서 보면 어떤 느낌일까요?

'음, 모처럼 사장님께 제안을 했는데 바로 안 된다고 하는 건가 라는 생각에 의기소침해지겠지요.'

그렇습니다. 간부는 의기소침해질 겁니다. 한 번이라면 어떻게 참겠지만, 두 번, 세 번 부정 당하면 사장님께 제안을 하지 않을 겁니다.

'그렇군요? 간부가 제안하지 않는 원인이 나였군요?'

그럴지도 모릅니다. 하지만 사장님, '본의 아니게 실패 → 반드시 반성'을 하시면 됩니다.

'그렇군요. 반성하겠습니다. 하지만 간부가 잘못된 제안을 했는데도 부정하지 않기는 어렵습니다.'

그래서 스텝 7이 있는 겁니다. 먼저 '제안 감사합니다'로 시작하면 되지 않을까요?

'그렇군요. 그렇다고 '제안 감사합니다. 하지만 이 제안은 이상해

요!'는 안 되겠지요? 그런 경우에는 어떻게 하면 좋을까요?'

그런 경우에는 사장님, 좋은 방법이 있습니다. 관심을 갖게 하는 대사인 "또 다른 관점이 있습니까?"를 반드시 사용해주십시오. 이렇게 말입니다. "제안, 감사합니다. 이 제안에 또 다른 관점이 있습니까?" 이렇게 말하면 간부는 그 제안을 한 의도를 말하기 시작합니다. 그 말을 듣고 있는 사이에 그런 관점에서 제안을 한 것이라는 사실을 알게 되어, 점점 화가 가라앉게 됩니다. 또, 다음 번에 좋은 제안을 할 수 있게 되는 포인트를 전달할 수도 있습니다.

'그렇군요. 잘 알겠습니다. 앞으로는 "제안 감사합니다. 또 다른 관점이 있습니까?"를 입버릇으로 만들겠습니다.'

'제가 스텝 6에서는 제안을 끝까지 들은 다음 부정하지 않고, 거기에서 끝냅니다.'

사장님 훌륭하시군요. 남은 과제는 제안해줬다는 사실을 칭찬하고 고마워하는 거군요.

'간부는 어쩌면 사장에게 야단을 맞을지도 모른다는 마음을 안고 제안을 하러 오는 거니까, 그 사실을 칭찬하고 인정해주면 되겠죠'

맞습니다. 항상 간부의 제안을 칭찬하고 고마워하게 되면, 간부도 기쁜 감정을 가지게 되고 제안하는 횟수도 늘어나게 됩니다. 그 과정에서 제안의 질도 향상될 것이고, 어느 샌가 사장님은 기쁜 마음으로 간부의 제안에 귀를 기울이게 될 것입니다.

❶ 먼저 간부가 눈높이를 높이고 능력을 키운다(자세한 내용은 고민 49 참조).

❷ 간부의 경영 안목, 능력과 더불어 사장이 간부의 제안을 받아들이는 자세도 중요하다.

❸ 간부의 제안을 이끌어내기 위해서 사장은 다음 중 스텝 7까지 가야 한다.

스텝 1 사장과 간부 사이에 인간 관계는 성립되어 있다.

스텝 2 사장과 간부 사이에 신뢰 관계는 성립되어 있다.

스텝 3 무슨 말을 해도 서로 마음 상하지 않는 관계가 형성되어 있다.

스텝 4 간부의 제안을 가로막거나 틀렸다고 말하지 않고, 끝까지 듣는다.

스텝 4로 가기 위하여 다음 방법을 활용해주십시오.

간부의 이야기에 끼어들고 싶어지면, <마지막까지 듣게 해주는 스위치>를 켠다.

예) 혀를 깨문다. 심호흡을 한다.

스텝 5 간부의 제안을 끝까지 들은 다음, 부정하지 않고 비판하지 않는다.

5단계로 가기 위해, 다음의 방법을 활용한다.

간부의 제안을 부정하게 될 것 같으면, 간부에게 "또 다른 관점이 있습니까?"라고 묻는다. 예) 제안, 감사합니다. 다른 관점이 있을까요?

스텝 6 제안한 간부의 행동과 용기를 칭찬하고, 고마워한다.

스텝 7 간부의 제안에 기쁜 마음으로 귀 기울인다.

| 그림 23 간부의 진언을 이끌어내기 위해서는 |

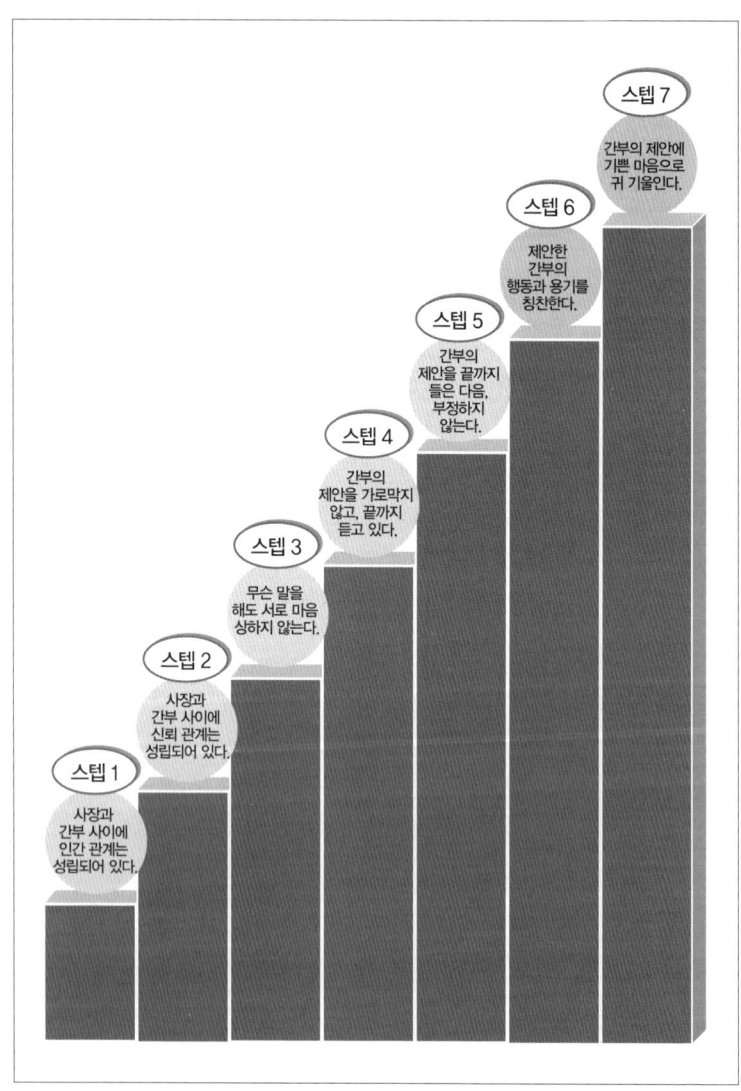

• 간부에게도 말할 수없는 사장의 고민 해결

사장에게 제안과 간언을 한다

사장의 고민 48

간언을 잘 하는 사람이
있어야 한다.

"주인에 대한 간언은 가장 먼저 공을 세우는 것보다 어렵다."

도쿠가와 이에야스의 말입니다. 〈도몬 후유지의 명장언행록/도몬 후유지 (일본실업출판사)에서〉

생사를 넘나드는 전쟁터에서는 죽을 힘을 다해 적진에 돌진하지 않으면 가장 먼저 공을 세울 수 없습니다. 이에야스는 그렇게 가장 먼저 공을 세우는 것보다 간언이 더 어렵다고 말하고 있습니다.

'그렇군요. 맞는 말이네요. 사장에게 간언하기는 어렵습니다. 그러나 진언을 해주지 않으면, 저는 벌거벗은 임금님이 됩니다.'

그렇습니다. 사장님들이 벌거벗은 임금님이 되지 않기 위해서 매일 노력하고 있습니다. 이런 분들을 위해서라도 간언을 잘 하는 사람이 필요합니다. 사장님은 간언을 잘하는 사람을 만들기 위해 어떤 노력을 하고 계십니까?

'여러 가지를 하고 있습니다만, 잘 안 되고 있습니다'

그렇습니까? 유감이군요.

'음, 저는 간언을 잘 하는 사람이 있으면 좋겠다는 희망만 가지고 있고, 아무 것도 하고 있지 않습니다. 지금부터 해야죠.'

그렇군요. 그렇다면 어떻게 하면 좋을지 생각해봅니다.

진언을 잘 하는 사람은 사내, 또는 사외에 있습니다.

'아, 사외에도 있군요?'

네, 사외 이사가 그런 케이스입니다.

'사외 이사요? 우리 회사에는 없는데, 도움이 됩니까?'

어떤 사람을 뽑느냐에 달려 있지 않을까요? 사외 이사가 과반수 이상 있으면서도 경영이 제대로 이루어지지 않고 있는 대기업 등은 반면교사입니다.

'그러면 어떻게 하면 좋을까요?'

중소기업의 사외 이사가 간언을 잘 하는 사람이 되기 위해서는 부탁을 하는 방법이 중요한 포인트가 됩니다. 사장님이 '내 경영의 잘못된 점을 지적해주면 좋겠다', '좋은 의미에서의 브레이크 역할을 해주었으면 좋겠다'라는 식의 부탁을 하고 사외 이사로 취임하게 하면 원하시는 대로 잘될 수 있습니다.

'그렇군요. 부탁하는 방법 말이군요. 참고로 사외 이사 이외에 간언

을 잘 하는 사람은 없습니까?'

포발의 오오쿠보 회장은 저서 〈'사장의 능력'을 향상시키는 8가지 법칙〉(실업지일본사)에서 다음과 같이 말하고 있습니다.

"성장하고 있는 회사의 사장에게는 반드시 외부 파트너가 있습니다. 하지만 비즈니스 파트너는 아닙니다. 손익관계가 배제된 파트너입니다. 그것도 사장의 외부 파트너라고 해서, 굳이 경영자일 필요는 없습니다. 자기 자신의 알몸을 드러내 고민을 상담할 수 있는 사람이거나, 자신이 아무리 높은 지위에 오르더라도 쓴 소리를 해줄 수 있는 사람입니다. 특히, 자신의 지위가 높아졌다 하더라도 외부에 '○○야'라고 말해줄 사람이 있다는 것은 매우 중요한 일입니다"

'경영자가 아닌 외부 파트너라도 되는 거군요?'

네, 오오쿠보 회장의 외부 파트너는 교토의 주지스님과 친구인 병원 의사였다고 합니다.

'주지스님과 의사였군요. 훌륭한 간언자 네요. 그런데 소장님, 사내에서 간언해 줄 사람은요?'

네, 사내에서 간언하는 사람은 간부 중 누군가가 해야 합니다.

'그건 그렇군요. 가까이에 있는 간부가 간언하는 사람이 돼주면 좋겠네요. 어떻게 하면 간부가 간언을 잘 하는 사람이 될까요?'

사장님은 어떻게 생각 하십니까?

'간부와 굳건한 인간 관계·신뢰 관계가 이루어져 있다는 것이 전제겠군요?'

그렇습니다. 물론 간부의 전제 조건(고민 13 참조)을 통과하는 것이 전제가 됩니다. 다른 것은요?

'간부에게 듣기 거북한 이야기를 듣더라도 화를 내지는 않는 것입니다'

그건 정말로 중요합니다. 하지만 쉬운 일은 아닙니다.

'네, 맞아요. 아픈 곳을 건드리면 나도 모르게 화를 내게 되죠.'

그렇습니다. 사장님은 그렇게 되지 않도록 대책을 세우고 있습니까?

'아니요, 안됐지만 화를 내기만 하고 대책은 생각하고 있지 않네요. 소장님, 뭔가 좋은 방법이 없을까요?'

사장님, 그러면 두 가지 방법을 소개하겠습니다.

첫 번째는 '○○씨, 미안해요 …… 고마워요'입니다.

누가 나의 아픈 곳을 건드렸을 때 화를 내지 않는 것은 어려우므로, 화를 내고 난 다음에 사과하고 고마워해야 합니다. 예를 들면 이런 겁니다.

'○○씨, 미안해요. 나도 모르게 화를 내버렸어요. ○○씨가 저를 위해 힘들게 말해준 건데 정말 미안해요. 제안해줘서 고마워요.'

다른 하나는 그림 24의 '칭찬과 깨달음의 편지'입니다.

이름 그대로, 상대에게 칭찬할 점과 깨달은 점을 써서 건네주는 편지입니다. 일년에 한 번 활용합니다. 사장님과 간부가 각자 모두에게 '칭찬과 깨달음의 편지'를 써서 건네줍니다. 사장님에게도 모든 간부가 편지를 써서 건네 줍니다. 칭찬받는 내용이 먼저 적혀있기 때문에 우선 기분이 좋아져, 분노의 감정이 나오기 어려워지고, 깨달은 내용을 읽으면서 화를 내고 싶어도, 읽고 있을 때는 상대방이 눈 앞에 없으므로 화를 낼 수 없습니다. 그리고 기록이 남기 때문에 가끔씩 다시 읽으면서 깨달음을 실천하기 쉬워집니다.

'화를 내도 좋은 거군요. 그런 거라면 하기 쉽겠네요.'

사장님, 마음에 드신다면 한 번 해보십시오.

마지막으로 '모든 사원이 간언하는 사람'이라는 생각을 가진 회사를 소개하겠습니다.

'네? 모든 사원이 간언하는 사람이요? 그럴 수도 있습니까?'

네, 사실은 그럴 수 있습니다. 캐논의 미타라이 회장 겸 사장은 저서 〈회사는 누구를 위하여〉(문예춘추)에서 다음과 같이 말하고 있습니다.

"최고경영자에게 간언을 해주는 사람은 안타깝게도 그리 많지 않습니다. 저 역시도 회장이나 부사장도 없는 가운데서 최고경영자 일을 해왔으며, 무슨 짓을 하고 있느냐며 꾸짖어줄 아버지도 지금은

| 그림 24 칭찬과 깨달음의 편지 |

보내는 사람	→	받는 사람

칭찬과 깨달음 편지

【칭찬】
....
....
....
....
....
....
....

【깨달음】
....
....
....
....
....
....
....

【기타】
....
....

• 간부에게도 말할 수없는 사장의 고민 해결

안 계시기 때문에, 저에게 충고를 해주는 존재는 엄밀하게 말하자면 없습니다. 그러면 무엇이 제 모습을 비춰보는 거울이 되고 있을까요? 바로 사원입니다. 저는 점심시간을 포함하여, 사원을 접하는 기회를 될 수 있는 한 많이 만들어왔습니다. 전국의 공장을 도는 것도 많은 사원과 얼굴을 마주하고 이야기를 나누고 싶다는 마음이 있기 때문입니다. 그렇게 회사 안과 공장 안을 빙글빙글 돌고 있으면, 저를 어떻게 생각하고 있는지 그 사람들의 표정이나 말투를 통해 본능적으로 알 수 있습니다. 사람들로 만들어진 고리 안에 들어갔을 때, 나를 받아들여 주고 있는지 여부를 감각적으로 알 수 있습니다. 그러한 경험은 누구에게나 있다고 생각합니다.(당)태종의 말(*)을 빌어 표현하자면, '부하의 간언을 거울로 삼아, 자신의 부족함을 깨닫는다'가 될까요? 그러므로 저에게 직언을 해주는 사람은 캐논의 사원 모두입니다."

*주) 당나라 태종의 "거울에 자신을 비춰보면 의관이 바른지를 알 수 있고, 역사를 거울로 삼으면 나라의 흥망성쇠의 도리를 알 수 있으며, 사람을 거울로 삼으면 자신의 잘잘못을 알 수 있는 법이다."에서 빌어온 말.

'와, 사원 모두가 간언을 하는 군요. 정말 그렇게 될 수도 있겠네요.'

해법

❶ 간언을 해주는 사람은 사외, 또는 사내에서 찾는다.

❷ 사외라면 사외 이사나 외부 파트너가 좋다.

　Ⓐ 사외이사에게 '내 잘못을 지적해줬으면 좋겠다'고 부탁하고, 취임하게 하는 것이 포인트다.

　Ⓑ 외부 파트너는 경영자가 아니더라도, 손익 관계가 없는 사람이면서 자신에게 쓴 소리를 해줄 수 있는 사람을 선택한다.

❸ 사내에서는 간부의 전제 조건을 통과한 간부를 간언하는 사람으로 만들기 위해 노력해야 한다.

　Ⓐ 그러기 위해서 사장이 간부의 의견이나 제안을 잘 들어야 한다.

　Ⓑ 듣기 거북한 이야기를 하더라도 사장은 간부에게 화를 내지 말고 고마워 한다.

　Ⓒ 어쩔 수 없이 화를 내게 된 경우에는 다음의 2가지 방법을 활용한다.

　　• "○○씨, 미안해요 …… 고마워요"
　　• 그림 24의 '칭찬과 깨달음의 편지'

❹ 모든 사원이 간언해 주는 사람이라는 생각으로 사원을 대합니다.

　Ⓐ 평소 사원과 접할 기회와 대화를 늘린다.

　Ⓑ 사원의 표정이나 말투를 통해 자신을 어떻게 생각하는지 알 수 있도록 한다.

● 간부에게도 말할 수없는 사장의 고민 해결

간부의 식견이 너무 낮은데 어떻게 하면 사장의 안목을 가질 수 있을까?

사장님이 생각하는 사장의 안목은 어떤 것입니까?

…… (잠시 심사숙고)

'음, 두 가지가 있습니다. 하나는 자기 부문뿐만 아니라 회사 전체를 생각해야 한다는 것이고, 또 다른 하나는 당기뿐만 아니라 차기 이후 까지 생각할 수 있어야 한다는 것입니다'

그렇군요, 그 두 가지는 사장님과 간부가 크게 다른 점입니다. 자기 부문의 목표 달성에 책임을 가지고 있는 간부는 그 두 가지 안목을 가 지기가 쉽지 않습니다.

'맞아요. 간부의 입장이나 마음도 이해하지만, 모든 간부가 저와 같 은 안목을 갖지 않으면 우리 회사는 강해질 수 없습니다.'

맞습니다. 사장님은 간부가 사장님의 안목을 가질 수 있도록 하기 위해 어떤 것을 하고 있습니까?

'간부회의에서 "그건 아니지 않습니까! 조금 더 높은 안목을 가지세요!"라고 모두를 대상으로 지적을 해서 개선하도록 지도하고 있고, 직접 말할 때도 안목을 높이라고 몇 번씩이고 말하고 있습니다.'

그렇습니까? 효과는 어떻습니까?

'유감스럽게도 별로 효과는 없습니다.'

그렇습니까? 간부의 전제 조건을 통과하지 못한 사람은 없습니까?

'물론 없습니다.'

사장님이 간부에게 입이 닳도록 말을 하는 것은 중요합니다.

교세라의 이나모리 명예 회장도 "간부에게 경영 내용을 공개하여 함께 고민하고 괴로워함으로써 경영자 의식을 가진 간부로 자라납니다. 사장의 고뇌를 잘 이해하고, '저도 돕겠습니다'라고 말하게 될 때까지 간부와 접촉하는 것이 아주 중요합니다."라고 말하고 있습니다.

'경영 내용을 공개했지만, "저도 돕겠습니다"라고 말하는 간부는 없었습니다. 저는 아직 멀었군요. 소장님, 다른 건요?'

네, 현재 간부가 처해 있는 환경을 바꾸는 것이 중요하지 않을까요? 다음과 같은 시책을 실천하여, 간부 환경을 바꿉시다.

① 간부의 인사 평가를 바꾼다.

　　1안) 자기 부문의 목표를 달성한 것만으로는 평가하지 않는다 (예: 100점 만점 중 60점).

2안) 다른 부문에 대한 공헌, 앞으로의 공헌을 평가 항목에 넣는다(예: 다른 부문 공헌 20점, 앞으로의 공헌 20점).

② **간부회의 운영 방법을 바꾼다.**

- 자기 부문 관련 주제는 상대의 질문과 의견에 대답만 한다.
- 다른 부문 관련 주제는 발언하게 한다.

③ **다른 부문의 중요한 회의에 참가하게 한다.**

④ **다른 부문의 관리직 사원과 대화를 하게 한다.**

⑤ **사장과 행동을 함께 하거나 동행하게 한다.**

채용 최종 면접, 채용 회사 설명회, 출장, 은행 방문, 외부 회합, 다른 사장과의 회식 등.

⑥ **자기 부문과 직접적인 관계가 없는 위원회의 위원장, 프로젝트의 리더로 삼는다.**

업무 개혁 위원회, 회사 전체 표준화 위원회, 인사 제도 개선 프로젝트, 비용 절감 프로젝트 등.

'알겠습니다. 여러 가지가 있군요. 할 수 있는 것부터 해보겠습니다'

해법

❶ 간부에게 경영 내용을 공개하고, 사장과 함께 고민하고 괴로워하는 경험을 하게 하면 간부의 안목이 변한다.

❷ 사장 수준의 안목을 가질 수 있도록 인사 평가, 간부회 운영 방법을 바꾼다.

❸ 다른 부문의 중요한 회의에 참가시키고, 다른 부문의 관리직 사원과의 대화도 늘리고, 간부가 다른 부문의 상황을 파악하게 함으로써 전사적 차원의 안목에 가까워지도록 한다.

❹ 자기 부문과 직접적인 관계가 없는 위원회의 위원장, 프로젝트 리더로 간부를 임명하여, 전사적 차원의 안목을 키우게 한다.

❺ 간부가 사장과 동행하거나, 행동을 함께 하는 기회를 늘려서 사장의 안목을 경험한다.

❻ 물론, 이러한 시책은 간부의 전제 조건을 통과한 간부에 한한다.

간부에게도 말할 수없는 사장의 고민 해결

간부에게 경영능력을
익히게 하고 싶다.

사장님 간부에게 경영능력을 익히기 위해, 어떤 것을 하고 있습니까?

'간부회에서 회사 전체 경영에 관한 PDCA를 함께 돌려보거나, 외부의 경영 능력 향상 연수에 참가시키는 정도입니다.'

그렇습니까? 효과는 어떻습니까?

'안타깝게도 제가 기대하는 만큼 나타나지 않았습니다'

그렇습니까? 경영 능력은 가장 익히기 어려운 능력이기 때문에 쉽지는 않을 겁니다. 어떻게 하면 경영 능력을 익힐 수 있을까요?

'글쎄요? 연수를 통해 익힐 수 있는 것은 아닌 거 같고……. 역시 경영을 시키는 방법 밖에 없을까요?'

그렇습니다, 사장님. 저는 거기까지가 전부라고 생각합니다.

'경영자를 키우기 위해서는 어떻게 하면 좋겠습니까?'

사실, 이 질문은 야후의 미야사카 사장이 일본전산의 나가모리 회장 겸 사장에게 던진 질문입니다. 나가모리 회장 겸 사장이 어떻게 대답했을 것 같습니까? 〈폭속경영 / 에비타니 사토시〉(닛케이 BP사)

'음, 글쎄요? '경험을 하게 하라' 아닌가요?'

역시 사장님! 거의 맞추셨습니다. 나가모리 회장 겸 사장은 이렇게 대답했습니다.

"경영자에게는 두 가지 요소 밖에 없습니다. ① 얼마나 많은 의사 결정을 하는가 하는 것, ② 얼마나 빨리 좌절을 경험하는가 하는 것"

'그렇군요. 의사 결정과 좌절 경험의 수로군요. 저도 분명히 그것을 통해 성장했고, 경영 능력도 키웠던 것 같습니다'

그렇습니다. 그런 경험을 하도록 하는 기회는 중요합니다.

'그렇다면 경영 능력을 키우게 하고 싶은 간부에게는 자회사의 사장을 시키거나, 권한과 책임을 부여해서 의사 결정을 할 기회를 늘려주는 방법 밖에 없겠군요.'

그렇습니다. 맡기겠다는 사장님의 각오가 중요합니다.

'그렇군요. 나였군요. 간부에게 의사결정을 맡기지 않으려면, 경영 능력 향상은 기대하지 말라는 말이네요.'

사장님, 바로 그것입니다. 사장님의 경영 능력이 있고, 회사에 문제가 없는 경우라면 그러한 사고방식도 좋을 것 같습니다.

나가모리 회장 겸 사장은 저서 〈사람을 움직이는 사람이 돼라〉(미카

사쇼보)에서는 다음과 같이 말하고 있습니다.

"경영자 한 명을 만들려면, 최소 10년의 세월과 10억 엔의 투자가 필요하다."

'네? 10년? 10억 엔이요? 대단하군요. 맡긴 다음에는 어떻게 했죠?'

전혀 간섭하지 않았다고 합니다.

'실패할 것 같아도요?'

네, 실패하게 둔 것 같습니다. 그렇게 한 다음, 실패에서 얻은 교훈을 논리로 풀어낸다고 합니다.

'그렇군요. 그렇게 하지 않으면 성장하지 못하는군요.'

그런 것 같습니다. 그래서 10년 ~ 10억 엔이 드는 거겠죠. 간부의 전제 조건을 통과하지 못한 간부에게는 이러한 투자를 할 수 없습니다.

해법

❶ 경영 능력을 기르는 데는 경영을 맡겨 경험하도록 하는 방법 밖에 없다.

❷ 이상적으로는 자회사를 만들어 사장을 시키고, 경영 의사 결정과 좌절을 경험하게 하는 방법이 좋다.

❸ ❶, ❷의 경험을 시키기가 어려운 경우에는 사장이 현재 하고 있는 의사 결정 권한을 간부에게 부여하여, 경영 능력을 키우게 한다.

❹ 물론, 이러한 방안은 간부의 전제 조건을(고민 13 참조) 통과해야 한다.

어떠셨습니까?

'시라가타 소장님이 소개해준 방법 덕분에 조금 마음이 편해졌어요. 역시 저의 양보할 수 없는 이상과 철학에 동의하고 있지 않은 간부에게는 무엇을 시켜도 잘되지 않는 거군요. 그것을 알게 된 것만으로도 고민이 사라졌습니다! 이제는 실천하는 것만 남았네요.'

그렇습니까? 사장님, 감사합니다. 정말 기쁘군요. 꼭 실천해주십시오.

'소장님, 제안한 방법이 꽤 재미있어요. 바로 해보겠습니다! 효과가 있었으면 좋겠네요.'

사장님, 정말입니까? 감사합니다. 꼭 해보십시오. 반드시 효과가 있을 것이라고 생각합니다.

사장님의 '간부에 대한 고민'은 끝이 없습니다. 하나를 해결하면, 또 다른 고민이 또 생깁니다. 제안해 드린 시책과 방법을 실천함으로써 사장님의 '간부에 대한 고민'이 해결되고, 전국 사장님들의 간부에 대한 스트레스가 사라져, 모든 사장님들이 활기를 되찾게 되기를 진심으로 기원합니다.

마지막으로, 저와 만나주신 많은 사장님들께 감사의 말씀을 전하고 싶습니다. 여러분들에게 수많은 고민상담과 질문을 받지 못했다면, 이 책은 세상에 나올 수 없었을 것입니다. 이 자리를 빌어, 깊은 감사의 말씀을 드립니다.

시라가타 종합연구소 주식회사 대표이사
시라가타 도시로

간부에게도 말할수 없는
사장의 고민 해결

초판 1쇄 인쇄 | 2016년 4월 1일
초판 1쇄 발행 | 2016년 4월 5일

발행처 | **학원문화사**
발행인 | 정영국

저자 | 시라가타 도시로(白潟敏朗)
역자 | 김종형
편집디자인 | 디자인86
교정·교열 | 김정하
영업·마케팅 | 정운서
원색분해·출력 | 프리테크인

주소 | 서울특별시 구로구 디지털로26길 111(JnK디지털타워)
전화 | 02)2106-3801~5
팩스 | 02)584-9306
등록번호 | 제25100-2015-000020호
ISBN | 978-89-19-20578-5
ⓒ학원문화사 2016 printed in korea
※잘못된 책은 바꿔드립니다.

KANBU NI IENAI SHACHO NO NAYAMI KAIKETSUTAIZEN
ⓒToshiro Shiragata 2015
Edited by CHUKEI PUBLISHING
First published in Japan in 2015 by KADOKAWA CORPORATION, Tokyo.
Korean translation copyright ⓒ2016 by Hakwon Publishing Co., Ltd.
Korean translation rights arranged with KADOKAWA CORPORATION, Tokyo
through Eric Yang Agency Inc, Seoul.

이 책의 한국어판 저작권은 Eric Yang Agency를 통한
KADOKAWA CORPORATION과의 독점계약으로 (주)학원문화사가 소유합니다.
저작권법에 의하여 한국 내에서 보호를 받는 저작물이므로
무단전재와 무단복제를 금합니다.